1ねん

実力アップ
かん字 れんしゅうノート

特別《とくべつ》ふろく

教科書《きょうかしょ》の順《じゅん》に練習《れんしゅう》できる！

教育出版版
完全準拠

ねん　くみ　なまえ

「かん字れんしゅうノート」はとりはずして使用できます。

もくじ

かん字れんしゅうノート　教育出版版　こくご1ねん

			きょうかしょページ	ノートのページ
1	かいて　みよう	きょうかしょ(上)	14〜17	3
2	あいうえおを　つかおう		20〜21	4
3	みつけて　はなそう、はなしを　つなごう／かきと　かぎ　(1)		22〜25	5
4	かきと　かぎ　(2)／ことばを　あつめよう		24〜27	6
5	くまさんと　ありさんの　ごあいさつ／ねこと　ねっこ		28〜33	7
6	ほんを　よもう／ことばを　つなごう		34〜37	8
7	たのしく　よもう　1／ごじゅうおん		38〜41	9
8	けむりの　きしゃ／のばす　おん		42〜49	10
9	せんせい、あのね／みんなに　はなそう／たのしく　よもう　2		50〜55	11
10	すずめの　くらし／しゃ、しゅ、しょ／たのしく　よもう　3		58〜67	12
11	しらせたい　ことを　かこう／は、を、へ		68〜73	13
12	としょかんへ　いこう／おはなしの　くに／おおきな　かぶ／えにっきを　かこう		74〜93	14
13	なつの　おもいでを　はなそう／かたかなの　ことば		94〜97	15
14	けんかした　山		98〜104	16
15	かん字の　はじまり／だれが、たべたのでしょう／たのしかった　ことを　かこう		105〜119	17
16	かぞえよう　(1)		120〜123	18
17	かぞえよう　(2)		120〜123	19
18	しらせたいな、いきものの　ひみつ／はたらく　じどう車	きょうかしょ(下)	8〜19	20
19	「のりものカード」で　しらせよう／なにを　して　いるのかな？／かん字の　ひろば①　日づけと　よう日　(1)		20〜30	21
20	かん字の　ひろば①　日づけと　よう日　(2)		28〜30	22
21	うみへの　ながい　たび		32〜49	23
22	ことばの　ぶんか①　天に　のぼった　おけやさん／ことばの　ひろば①　かたかな／かん字の　ひろば②　かん字の　よみかた　(1)		54〜59	24
23	かん字の　ひろば②　かん字の　よみかた　(2)／こころが　あたたかく　なる　手がみ／スイミー		58〜81	25
24	みぶりで　つたえる／ことばの　ひろば②　文を　つくろう／かん字の　ひろば③　かわる　よみかた		90〜105	26
25	ことばの　ひろば③　ことばで　つたえよう／かん字の　ひろば④　にて　いる　かん字　(1)		110〜119	27
26	かん字の　ひろば④　にて　いる　かん字　(2)／ことばの　ぶんか②　しりとりで　あそぼう／お手がみ		118〜139	28
	こたえ			29〜31

この本《ほん》の つかいかた

- きょうかしょに　出《て》て　くる　かん字《じ》を、たんげんごとに　れんしゅうしましょう。
- 1年生《ねんせい》で　学《がく》しゅうする　かん字　80字を、すべて　しゅつだいして　います。
- すべての　かん字を、正《ただ》しく　かけるように　なれば、ごうかくです。

かいて　みよう

/10もん　だい 1 かい

☆ えを みて、なまえを ひらがなで かきましょう。

① 
く

② 
い

③ 
と

④ 
り

⑤ 

⑥ 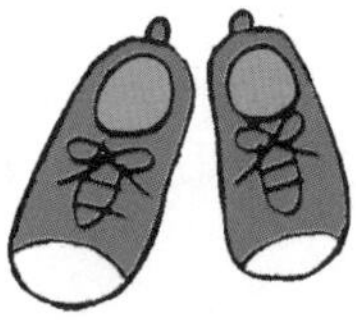

⑦ 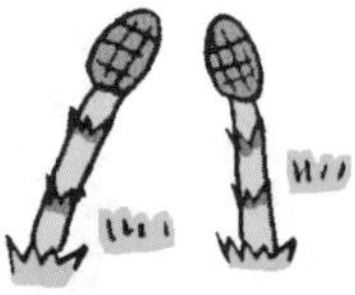
つ

⑧ 
の

⑨ 
の
まき

⑩ 
た

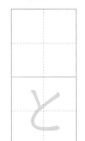

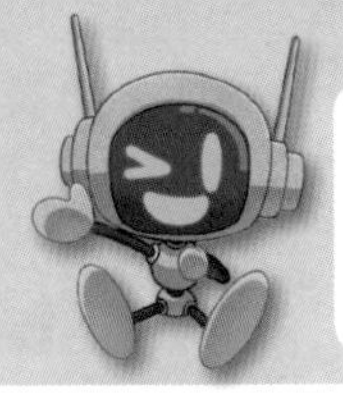

●べんきょうした 日　月　日

あいうえおを　つかおう

/10もん

だい 2 かい

☆ えを みて、なまえを ひらがなで かきましょう。

①

②
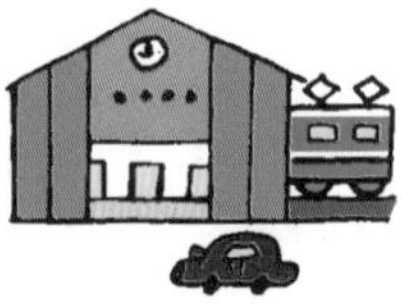

き

③

④

い

⑤
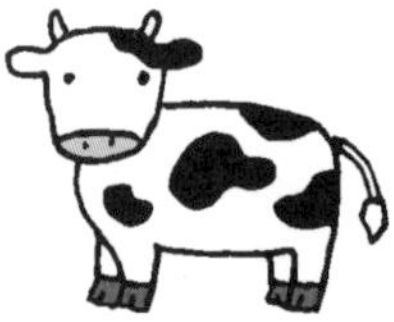

⑥

しお

⑦

たこ

⑧

ほん

⑨

ひる

⑩

ちわ

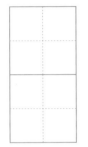

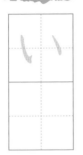

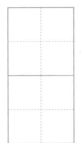

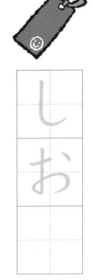

みつけて　はなそう、はなしを　つなごう
かきと　かぎ (1)

だい 3 かい

/10もん

☆ えを　みて、なまえを　ひらがなで　かきましょう。

みつけて　はなそう、はなしを　つなごう

1

か□る

かきと　かぎ (1)

2

3

ざ

4

5

6

か　か

7

か　か

8

ぷ　か

9

☆ ことばを　なぞりましょう。

10
やぎがいる。

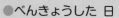

かきと かぎ (2) ことばを あつめよう

/10もん

だい 4 かい

☆ えを みて、なまえを ひらがなで かきましょう。

かきと かぎ (2)

① 

い

② 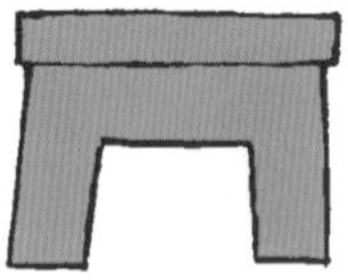

だ

ことばを あつめよう

③ 

ど

④ 

⑤ 

な

⑥ 

み

⑦ 

⑧ 

⑨ 

ら

⑩ 

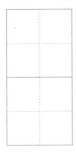

くまさんと　ありさんの　ごあいさつ
ねこと　ねっこ

/10もん　だい 5 かい

★ ことばを　なぞりましょう。

✎ くまさんと　ありさんの　ごあいさつ

① ごあいさつ

★ えを　みて、なまえを　ひらがなで　かきましょう。

✎ ねこと　ねっこ

②

き

③

っ

④

⑤

ね　こ

⑥

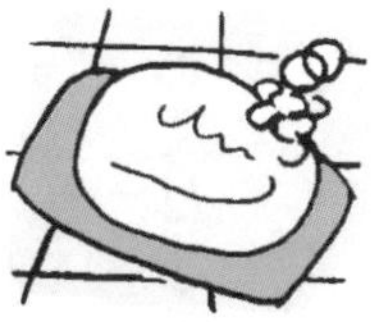

せ

⑦

ら

⑧

ひ

⑨

が　こう

★ ひらがなと　「、」を　なぞりましょう。

⑩ らっこ　は、　およぐ。

ほんを よもう ことばを つなごう

/10もん

だい 6 かい

☆ えを みて、なまえを ひらがなで かきましょう。

ほんを よもう

❶

□□

ことばを つなごう

❷

□ま□□

❸

□ちま

❹

あ□

❺

□んこん

❻

け□□

❼

し□□ま

❽

□□ら

❾

□□

☆ あてはまる ひらがなを かきましょう。

❿ ほん □ よむ。

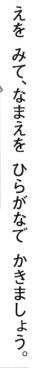

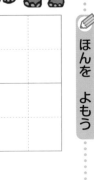

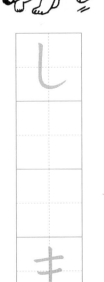

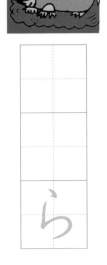

たのしく　よもう　1
ごじゅうおん

/8もん

だい 7 かい

☆ もじを　なぞりましょう。

たのしく　よもう　1

① あいうえお

② かきくけこ

③ なにぬねの

④ まみむめも

⑤ らりるれろ

ごじゅうおん

⑥ だぢづでど

⑦ ぱぴぷぺぽ

☆ ごじゅうおんひょうを　よこに　よみましょう。

⑧ あかさたな

はまやらわ

●べんきょうした 日　月　日

けむりの　きしゃ
のばす　おん

/10もん

だい 8 かい

☆ えを みて、なまえを ひらがなで かきましょう。

けむりの　きしゃ

① 

おじ

のばす　おん

② 

おば

③ 

おか

④ 

おと

⑤ 

おに

⑥ 

おね

⑦ 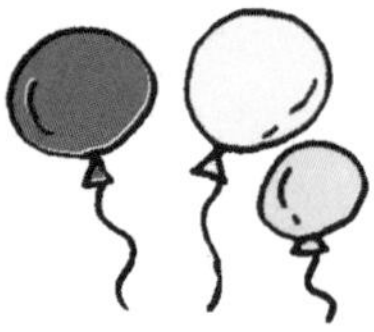

せん

⑧ 

せ　せ

⑨ 

お　み

⑩ 

と

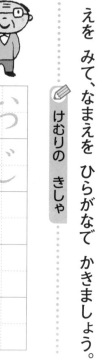

せんせい、あのね　みんなに　はなそう　たのしく　よもう　2

/11もん

だい 9 かい

せんせい、あのね

☆ 「は」「へ」から、あてはまる　ひらがなを　かきましょう。

1 ながればし□、そら□のぼりました。

2 ぼく□、こうえん□いった。

みんなに　はなそう

☆ えを　みて、なまえを　ひらがなで　かきましょう。

3

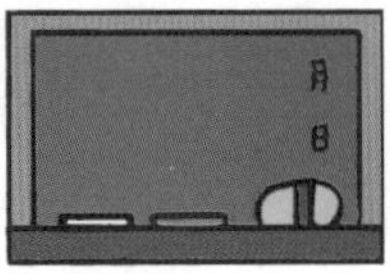

こ□ば□

4

て□□□

たのしく　よもう　2

5

さか□□□

6

ざり□□

7

か□

8

は□

9

がま□□□

●べんきょうした 日　月　日

すずめの　くらし
しゃ、しゅ、しょ
たのしく　よもう　3

/10もん

だい10かい

☆ えを みて、なまえを ひらがなで かきましょう。

すずめの　くらし

① 
す

しゃ、しゅ、しょ

② 
し　っ

③ 
し

④ 
び　よ

⑤ 
び

たのしく　よもう　3

⑥ 
あ　く

⑦ 
か　ち

⑧ 
ち

⑨ 
ち　う

⑩ 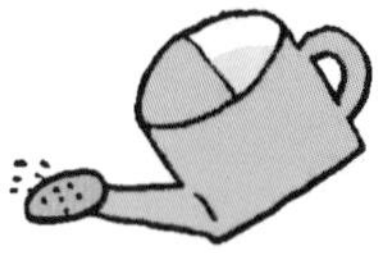
じ　ろ

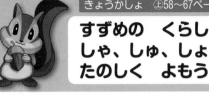

しらせたい　ことを　かこう　は、を、へ

/9もん

だい 11 かい

☆ しらせたい　ことを　かこう

えを　みて、なまえを　ひらがなで　かきましょう。

1 

おと

2 

ひ

☆ は、を、へ

「は」「を」「へ」から、あてはまる　ひらがなを　かきましょう。

3 えき ＿ いきます。

4 はち ＿、とびます。

5 わたしは、おんがく ＿ ききます。

6 わたし ＿、はしります。

7 なに ＿ するのかな。

8 へや ＿ いきます。

9 わたしは、りんご ＿ たべます。

としょかんへ　いこう／おはなしの　くに　おおきな　かぶ　えにっきを　かこう

/9もん　だい12かい

☆ ことばを　なぞりましょう。

としょかんへ　いこう／おはなしの　くに

1 ももたろう

2 かぐやひめ

3 うらしま　たろう

☆ えを　みて、なまえを　ひらがなで　かきましょう。

おおきな　かぶ

4 

かぶ

5 

ま

6 

☆「は」「を」「に」から、あてはまる　ひらがなを　かきましょう。

えにっきを　かこう

7 すなの　やま □ つくる。

8 ぼく □、うみの　ことを　かく。

9 かぞくで　うみ □ いく。

なつの　おもいでを　はなそう
かたかなの　ことば

/10もん

だい 13 かい

☆ えを　みて、なまえを　かたかなで　かきましょう。

なつの　おもいでを　はなそう

① 

ミ ニ ト

かたかなの　ことば

② 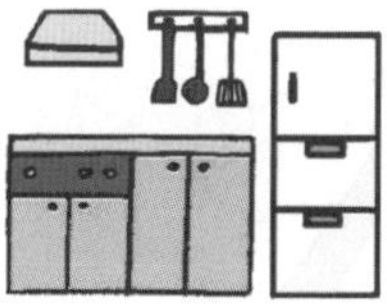

キ ッ

③ 

チ

④ 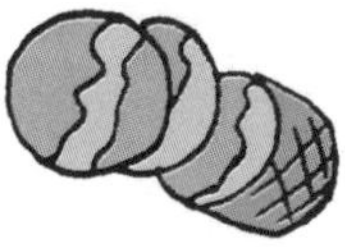

ハ

⑤ 

レ

⑥ 

プ

⑦ 

ー ト

⑧ 

ア

⑨ 

カ

⑩ 

ジ

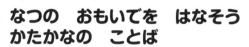

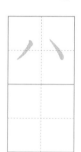

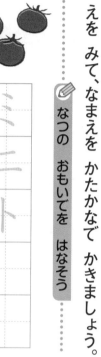

けんかした　山

/11もん　だい14かい

✪ □に かんじを かきましょう。
（☆は、あたらしい かんじの べつの よみかたです。）

1 たかい □《やま》。

2 お□《ひ》さまが のぼる。

3 まるい お□《つき》さま。

4 □《ひ》を つける。

5 □《き》に のぼる。

6 □《いち》ねんせいに なる。

7 □《に》ねんが たつ。

8 □《さん》まいの カード。

9☆ □《げつ》よう□《び》。

✪ えを みて、なまえを かたかなで かきましょう。

10

□ージ

かん字の はじまり
だれが、たべたのでしょう
たのしかった ことを かこう

/11もん

だい **15** かい

☆ □に かんじを かきましょう。〔　〕には、かんじと ひらがなを かきましょう。
（☆は、あたらしい かんじの べつの よみかたです。）

かん字の はじまり

1 かん□《じ》の はじまり。

2 山の □《うえ》の こや。

3 □《した》に ものが ある。

4 □《ひと》が いる。

5 □《かわ》で あそぶ。

6 ちいさな □《こ》が わらう。

7 □《くち》を ひらく。

8 □《た》んぼを つくる。

9☆ □《じょう》□《げ》に ふる。

だれが、たべたのでしょう

10 ちぎれた □《こ》のは。

たのしかった ことを かこう

11 〔　　〕《ひとつ》を えらぶ。

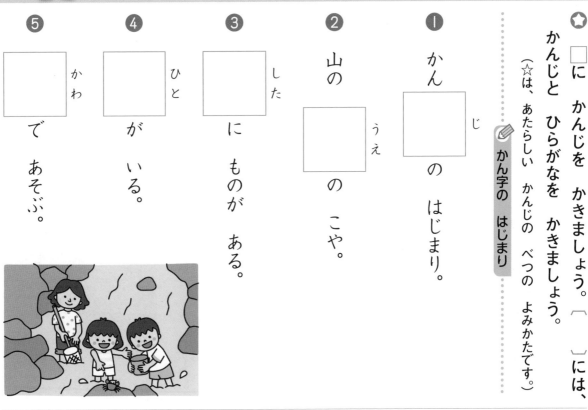

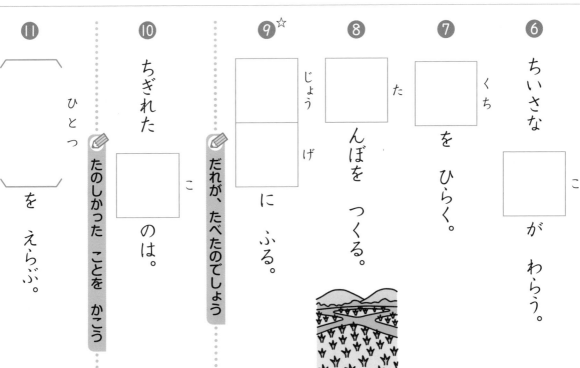

かぞえよう (1)

/10もん　だい16かい

☆ □に かん字を かきましょう。〔　〕には、かん字と ひらがなを かきましょう。

❶ 〔　〕《ふたつ》の レモン。

❷ 〔　〕《みっつ》の もも。

❸ □《よん》そうの ふね。

❹ □《ご》ひきの ねこ。

❺ □《ろく》さつの ほん。

❻ 〔　〕《よっつ》の びん。

❼ □《し》かくけい。

❽ □《よ》にんの 子。

❾ トマトが 〔　〕《いっつ》。

❿ いちごを 〔　〕《むっつ》 たべる。

かぞえよう (2)

/11もん　だい17かい

☆ □に かん字を かきましょう。〔　〕には、かん字と ひらがなを かきましょう。

1 □《なな》はいの ジュース。

2 □《はち》まいの シャツ。

3 □《きゅう》つぶの たね。

4 □《じっ》ぽんの えんぴつ。

5 〔　〕《ななつ》の りんご。

6 〔　〕《やっつ》の みかん。

7 〔　〕《ここのつ》の いも。

8 □《とお》まで かぞえる。

9 □《しち》□《ご》□《さん》の しゃしん。

10 □《く》□《がつ》に なる。

11 □《じゅう》だんの とびばこ。

しらせたいな、いきものの　ひみつ
はたらく　じどう車

/10もん

だい18かい

☆ □に かん字を かきましょう。〔　〕には、かん字と ひらがなを かきましょう。

しらせたいな、いきものの ひみつ

① いきものを よく〔　　〕《みて》かく。

② みじかい□《ぶん》を かく。

③ 〔　　〕《しろい》うさぎ。

はたらく じどう車

④ とがった かたちに〔　　〕《みえる》。

⑤ じどう□《しゃ》の やくわり。

⑥ つりかわや□《て》すり。

⑦ 〔　　〕《おおきな》木。

⑧ □《つち》を けずる。

⑨ □《みず》を すい上げる。

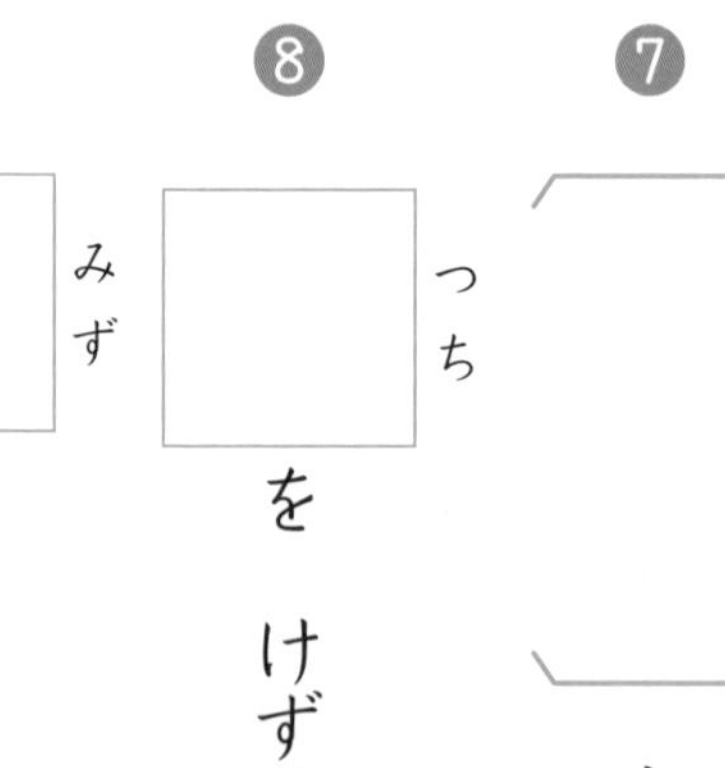

☆ えを みて、なまえを かたかなで かきましょう。

しらせたいな、いきものの ひみつ

⑩

シャ□□□

「のりものカード」で しらせよう
なにを して いるのかな？
かん字の ひろば① 日づけと よう日 (1)

/10もん　だい19かい

★ □に かん字を かきましょう。〔　〕には、かん字と ひらがなを かきましょう。
（☆は、あたらしい かん字の べつの よみかたです。）

「のりものカード」で しらせよう

1 のりものの □《な》前《まえ》。

2 あるき〔　　〕《だす》。

3☆ つりの □□《めいじん》。

なにを して いるのかな？

4 〔　　〕《はやく》たべたい。

かん字の ひろば ① (1)

5 □□《ついたち》から はじまる。

6 三月 □□《ふつか》。

7 七月 □□□《はつか》。

★ えを 見て、なまえを かたかなで かきましょう。

「のりものカード」で しらせよう

8 
ト□ック

9 
□イ□

なにを して いるのかな？

10 
バ□□

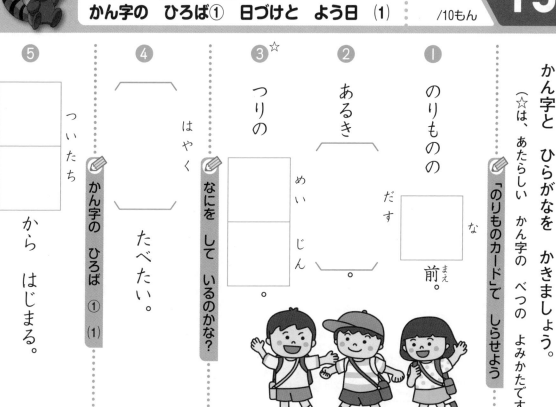

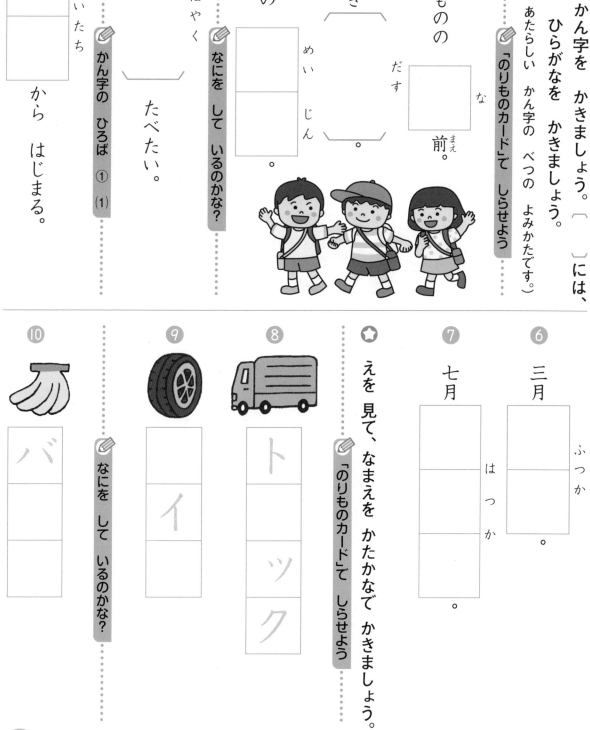

かん字の　ひろば①　日づけと　よう日　(2)

/10もん　だい20かい

☆ □に　かん字を　かきましょう。〔　〕には、かん字と　ひらがなを　かきましょう。
（☆は、あたらしい　かん字の　べつの　よみかたです。）

① □《きん》よう日に　なる。

② お□《しょう》□《がつ》の　かざり。

③ □《はな》□《み》を　する。

④ □《むし》の　こえを　きく。

⑤ □《かな》づちで　くぎを　うつ。

⑥☆ お□《かね》を　はらう。

⑦☆ 〔　　〕《ただしい》　こたえ。

⑧☆ クイズに　□《せい》かいする。

⑨☆ □《か》びんの　水を　かえる。

⑩☆ こん□《ちゅう》を　そだてる。

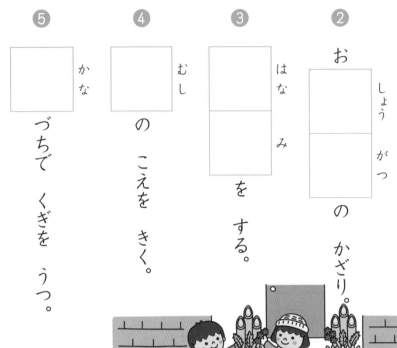

うみへの　ながい　たび

/11もん　だい21かい

☆ □に　かん字を　かきましょう。〔　〕には、かん字と　ひらがなを　かきましょう。

❶ 〔　　〕《あおい》　はるの　□《そら》。

❷ □《め》を　見ひらく。

❸ □□《ひゃくにち》が　たつ。

❹ □《みみ》を　すます。

❺ かぜの　□《おと》を　きく。

❻ まんまえに　〔　　〕《たち》　ふさがる。

❼ □□《にねん》　半《はん》ばかり。

❽ 何《なん》□《ぜん》もの　白くまの　親子《おや》。

❾ □《ちから》いっぱい　ふねを　こぐ。

☆ えを　見て、名まえを　かたかなで　かきましょう。

❿

ロ□□□エー

ことばの　ぶんか①　天に　のぼった　おけやさん
ことばの　ひろば①　かたかな
かん字の　ひろば②　かん字の　よみかた　(1)

/10もん

だい22かい

☆ □に　かん字を　かきましょう。〔　〕には、かん字と　ひらがなを　かきましょう。

ことばの　ぶんか①

1 □《てん》に　のぼる。

ことばの　ひろば①

2 ことばの　□《なか》。

3 □《き》を　つけて　かく。

4 ありは　〔　〕《ちいさい》。

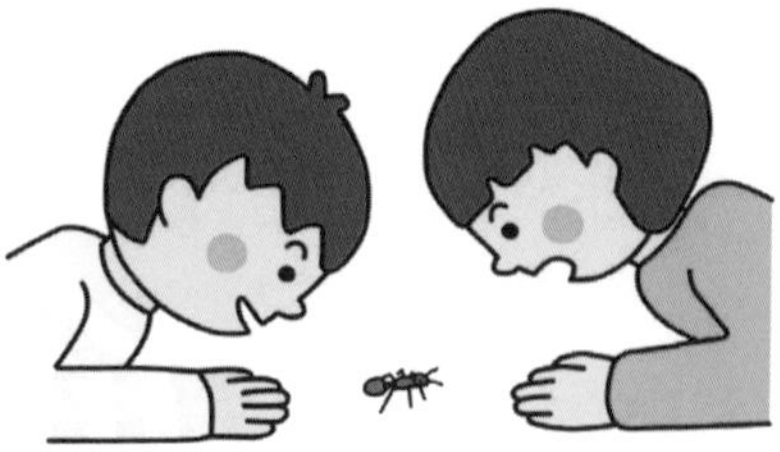

かん字の　ひろば②　(1)

5 □《ほん》□《じつ》は　はれ。

6 □《たけ》うまに　のる。

7 はりと　□《いと》。

☆ えを　見て、名まえを　かたかなで　かきましょう。

ことばの　ひろば①

8 
カ□□

9 
カス□□

10 
ダッ□□

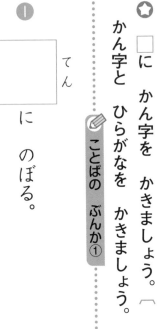

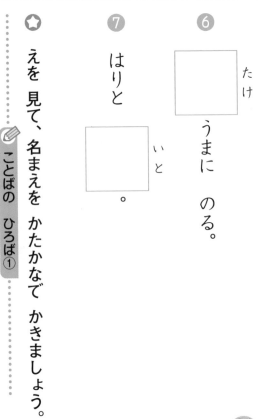

かん字の　ひろば②　かん字の　よみかた (2)
こころが　あたたかく　なる　手がみ
スイミー

/11もん　だい23かい

☆ □に　かん字を　かきましょう。〔　〕には、かん字と　ひらがなを　かきましょう。

かん字の　ひろば②　(2)

1 □《ひだり》□《て》を　ふる。

2 □《みぎ》□《て》で　もつ。

3 □《さ》□《ゆう》を　見る。

4 あかちゃんが　〔　　〕《うまれる》。

5 つよく　〔　　〕《いきる》。

こころが　あたたかく　なる　手がみ

6 えいごの　□《せん》□《せい》。

7 〔　　〕《やすみ》じかん。

スイミー

8 〔　　〕《あかい》さかな。

9 わかめの　□《はやし》。

10 □《ゆう》がたに　なる。

11 □《あめ》が　ふる。

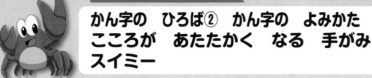

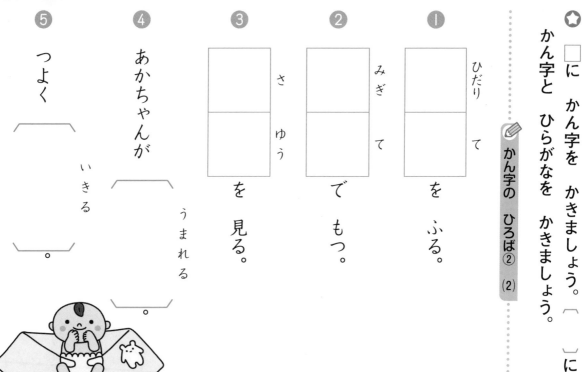

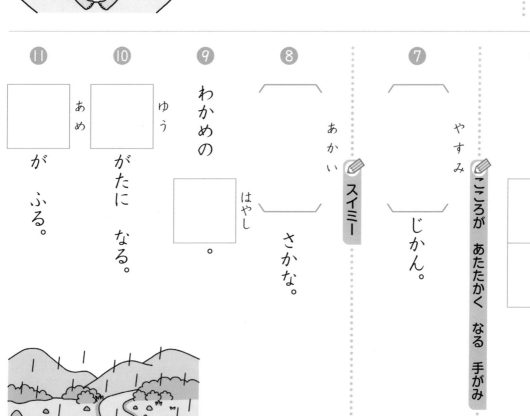

みぶりで　つたえる
ことばの　ひろば②　文を　つくろう
かん字の　ひろば③　かわる　よみかた

/12もん　だい24かい

☆ □に　かん字を　かきましょう。〔　〕には、かん字と　ひらがなを　かきましょう。
（☆は、あたらしい　かん字の　べつの　よみかたです。）

みぶりで　つたえる

1 あたまを　〔　〕《さげる》。

2 りょう手を　〔　〕《あげる》。

ことばの　ひろば②

3 □《おとこ》のこが　なく。

4 □《おんな》のこが　うたう。

5☆ □□《だんし》と　□□《じょし》。

かん字の　ひろば③

6 □□《ひゃくえん》を　はらう。

7 □□□《ちゅうがっこう》に　かよう。

8 □《くさ》や　花に　したしむ。

9 大きな　□《たま》。

10 □《むら》に　すむ　人。

11☆ 〔　〕《まるい》　など。

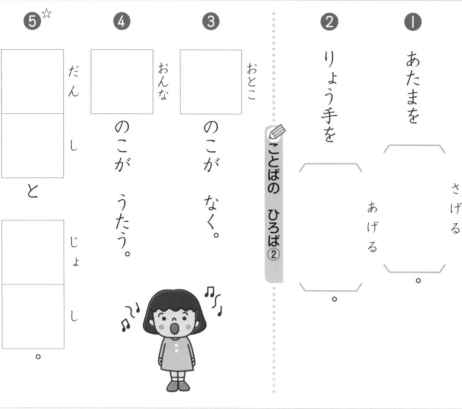

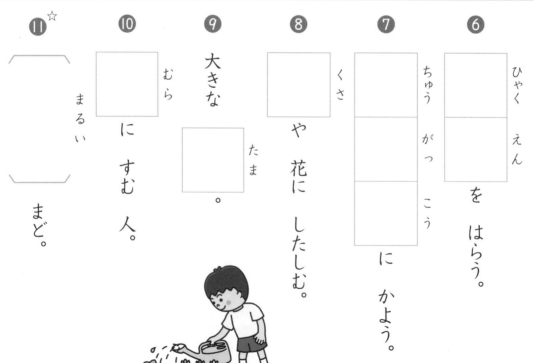

ことばの ひろば③ ことばで つたえよう
かん字の ひろば④ にて いる かん字 (1)

/11もん

だい25かい

✪ □に かん字を かきましょう。〔 〕には、かん字と ひらがなを かきましょう。
（☆は、あたらしい かん字の べつの よみかたです。）

ことばの ひろば③

1 にんじんが 〔　　〕《はいって》 いる。

2☆ ひきだしに 〔　　〕《いれる》。

かん字の ひろば④ (1)

3☆ □□《にゅうがく》しき。

4 □《いし》が ある。

5 □《いぬ》と あそぶ。

6 おしろの □《おう》さま。

7 □□《こいし》を ひろう。

8 □□《じょおう》の ドレス。

9☆ きれいな ほう□《せき》。

10☆ じ□《しゃく》に くっつく。

11☆ けいさつ□《けん》。

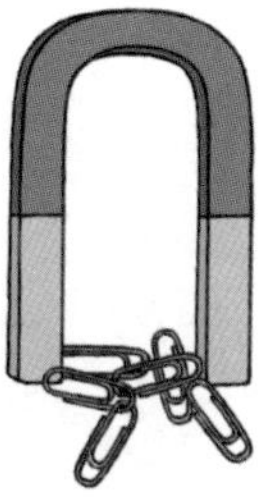

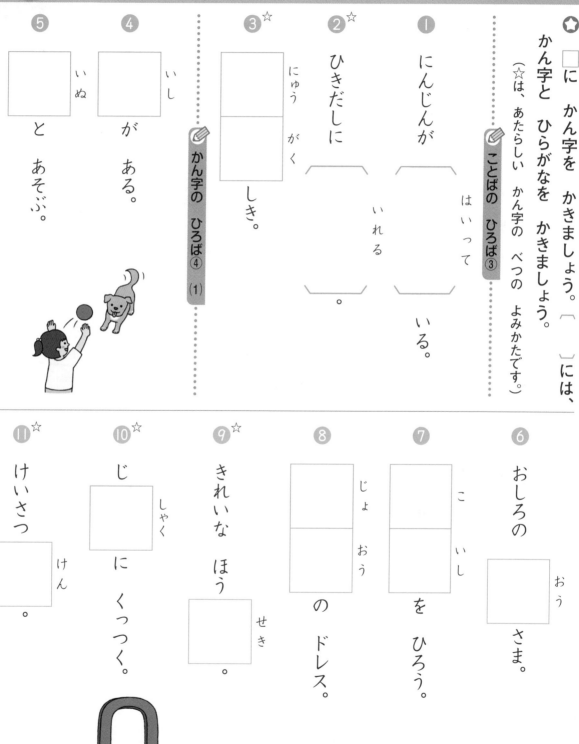

かん字の ひろば④ にて いる かん字 (2) ことばの ぶんか② しりとりで あそぼう お手がみ

/10もん

だい26かい

☆ □に かん字を かきましょう。〔 〕には、かん字と ひらがなを かきましょう。
（☆は、あたらしい かん字の べつの よみかたです。）

かん字の ひろば④ (2)

① □《まち》の くらし。

② □《もり》に すむ とり。

③ □《かい》がらを あつめる。

④ □《あし》が つかれる。

⑤☆ □□《しんりん》が ひろがる。

お手がみ

⑥☆ えん□《そく》に いく。

⑦☆ かずが〔　〕《たりる》か たしかめる。

ことばの ぶんか②

⑧ □□《ふたり》で のる。

⑨ □□《ひとり》で あそぶ。

☆ えを 見て、名まえを かたかなで かきましょう。

⑩

ピ□□

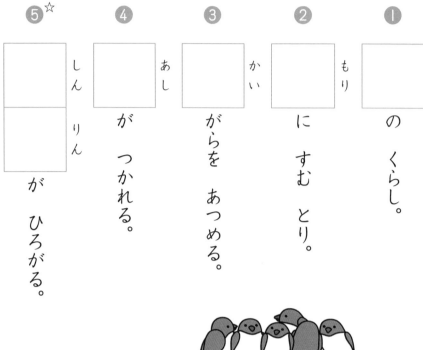

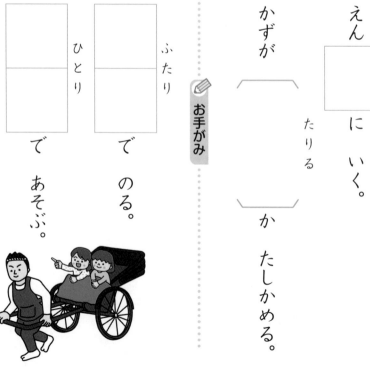

こたえ

1ねん

だい1かい

①くり ②いし
③いと ④つり
⑤とり ⑥くつ
⑦つくし ⑧いのしし
⑨のりまき ⑩くつした

だい2かい

①おに ②えき
③あり ④いけ
⑤うし ⑥しおり
⑦たいこ ⑧えほん
⑨あひる ⑩うちわ

だい3かい

①かえる
②さる ③ざる
④かき ⑤かぎ
⑥ふかふか ⑦ぶかぶか
⑧ぷかぷか ⑨かさ
⑩やぎがいる。

だい4かい

①たい ②だい
③まど ④いぬ
⑤はな ⑥みち
⑦いす ⑧ほん
⑨そら ⑩なす

だい5かい

①ごあいさつ
②きつね ③きって
④ねこ ⑤ねっこ
⑥せっけん ⑦らっこ
⑧ひよこ ⑨がっこう
⑩は、

だい6かい

①かば
②ひまわり ③へちま
④あめ ⑤れんこん
⑥けむし ⑦しろくま
⑧もぐら ⑨ゆき
⑩を

だい7かい

①あいうえお
②かきくけこ
③なにぬねの
④まみむめも
⑤らりるれろ
⑥だぢづでど
⑦ぱぴぷぺぽ
⑧あかさたなはまやらわ

だい8かい

①おじいさん
②おばあさん
③おかあさん
④おとうさん
⑤おにいさん
⑥おねえさん
⑦ふうせん
⑧せんせい
⑨おおかみ
⑩とけい

だい9かい

①は・へ ②は・へ
③こくばん
④てつぼう ⑤さかあがり
⑥ざりがに ⑦かみ
⑧はと ⑨がまがえる

だい10かい

①すずめ
②しょっき ③しゃしん
④びよういん
⑤びょういん
⑥あくしゅ
⑦かぼちゃ ⑧ちょう
⑨ちゅうしゃ ⑩じょうろ

だい11かい

①おとうと ②ひこうき
③へ ④は
⑤を ⑥は
⑦を ⑧へ
⑨を

こたえ

だい12かい
❶ももたろう
❷かぐやひめ
❸うらしま
❹かぶ　❺まご
❻ねずみ
❼を　❽は
❾に

だい13かい
❶ミニトマト
❷キッチン　❸チーズ
❹ハム　❺レモン
❻コップ　❼チョコレート
❽アイス　❾カレー
❿ジャム

だい14かい
❶山　❷日
❸月　❹火
❺木　❻一
❼二　❽三
❾月・日
❿ページ

だい15かい
❶字　❷上
❸下　❹人
❺川　❻子
❼口　❽田
❾上下
❿木
⓫一つ

だい16かい
❶二つ　❷三つ
❸四　❹五
❺六　❻四つ
❼四　❽四
❾五つ　❿六つ

だい17かい
❶七　❷八
❸九　❹十
❺七つ　❻八つ
❼九つ　❽十
❾七五三　❿九月
⓫十

だい18かい
❶見て　❷文
❸白い　❹見える
❺車　❻手
❼大きな　❽土
❾水
❿シャベル

だい19かい
❶名　❷出す
❸名人
❹早く
❺一日　❻二日
❼二十日
❽トラック　❾タイヤ
❿バナナ

だい20かい
❶金　❷正月
❸花見　❹虫
❺金　❻金
❼正しい　❽正
❾花　❿虫

だい21かい
❶青い・空　❷目
❸百日　❹耳
❺音　❻立ち
❼二年　❽千
❾力
❿ロープウエー

だい22かい
❶天
❷中　❸気
❹小さい
❺本日　❻竹
❼糸
❽カヌー　❾カステラ
❿ダッシュ

だい23かい
❶左手　❷右手
❸左右　❹生まれる
❺生きる　❻先生
❼休み
❽赤い　❾林
❿夕　⓫雨

だい24かい

❶下げる　❷上げる
❸男　❹女
❺男子・女子
❻百円　❼中学校
❽草　❾玉
❿村　⓫円い

だい25かい

①入って　②入れる
③入学
④石　⑤犬
⑥王　⑦小石
⑧女王　⑨石
⑩石　⑪犬

だい26かい

①町　②森
③貝　④足
⑤森林　⑥足
⑦足りる
⑧二人　⑨一人
⑩ピアノ

わくわくポスター こくご 1年

ひらがな

教科書ワーク

あ	か	さ	た	な	は	ま	や	ら	わ	ん
あ ありい	か かさ	さ さかな	た たぬき	な なべ	は はさみ	ま まくら	や やかん	ら らくだ	わ わに	ん しんぶん
い いす	き きつね	し しか	ち ちず	に にわとり	ひ ひまわり	み みかん	(い)	り りんご	(い)	
う うし	く くつ	す すいか	つ つみき	ぬ ぬりえ	ふ ふうせん	む むしめがね	ゆ ゆきだるま	る いるか	(う)	
え えのぐ	け けいと	せ せっけん	て てがみ	ね ねこ	へ へび	め めだか	(え)	れ れんこん	(え)	
お おりがみ	こ こま	そ そらまめ	と とら	の のりまき	ほ ほん	も もぐら	よ ようふく	ろ ろうそく	を えをかく	

っ	きって
ゃ	しゃしん
ゅ	きゅうり
ょ	としょかん

わくわくポスター

1年 こくご 教科書ワーク

1年生《ねんせい》で ならう かん字《じ》 ①

☆1年生《ねんせい》で ならう かん字《じ》を なかまごとに ならべて あります。
☆赤《あか》い 文字《もじ》は おくりがなです。
☆（ ）は 小学校《しょうがっこう》では ならわない よみかたです。

かず

一（1かく）
イチ　イツ　ひと　ひとつ
一《ひと》つ

二（2かく）
ニ　ふた　ふたつ
二《ふた》つ

三（3かく）
サン　み　みつ　みっつ
三《みっ》つ

四（5かく）
シ　よ・よつ　よっつ　よん
四人《よにん》

五（4かく）
ゴ　いつ　いつつ
五《ご》ひき

六（4かく）
ロク　む・むっ　むっつ　むい
六《ろく》さつ

七（2かく）
シチ　なな　ななつ　なの
七月《しちがつ》

八（2かく）
ハチ　や・やっ　やっつ　よう
八《はち》まい

九（2かく）
キュウ　ク　ここの　ここのつ
九《きゅう》こ

十（2かく）
ジュウ　ジッ　（ジュッ）　とお・と
十本《じっぽん》

百（6かく）
ヒャク
百円《ひゃくえん》

千（3かく）
セン　ち
千円《せんえん》

しぜん

山（3かく）
サン　やま
山《やま》のぼり

川（3かく）
（セン）　かわ
川《かわ》の 水《みず》

田（5かく）
デン　た
田《た》んぼ

石（5かく）
セキ　シャク　（コク）　いし
石《いし》ころ

林（8かく）
リン　はやし
林《はやし》の 中《なか》

森（12かく）
シン　もり
森《もり》

竹（6かく）
チク　たけ
竹《たけ》うま

草（9かく）
ソウ　くさ
草《くさ》とり

花（7かく）
カ　はな
花《はな》ばたけ

ようび

日（4かく）
ニチ　ジツ　ひ　か
お日《ひ》さま

月（4かく）
ゲツ　ガツ　つき
お月《つき》さま

火（4かく）
カ　ひ　（ほ）
火《ひ》が もえる

水（4かく）
スイ　みず
水《みず》あび

木（4かく）
ボク　モク　き　こ
木《き》のぼり

金（8かく）
キン　コン　かね　かな
お金《かね》

土（3かく）
ド　ト　つち
土《つち》あそび

むき

大（3かく）
ダイ・タイ　おお　おおきい　おおいに
大《おお》きい 木《き》

中（4かく）
チュウ　ジュウ　なか
へやの 中《なか》

小（3かく）
ショウ　ちいさい　こ　お
小《ち》さい 犬《いぬ》

上（3かく）
ジョウ・（ショウ）　うえ・うわ・かみ　あげる・あがる　のぼる・（のぼせる）　（のぼす）
やねの 上《うえ》

下（3かく）
カ・ゲ　した・しも・（もと）　さげる・さがる　くだる・くだす　くださる　おろす・おりる
木《き》の 下《した》

右（5かく）
ウ　ユウ　みぎ
右足《みぎあし》

左（5かく）
サ　ひだり
左手《ひだりて》

ようす

正（5かく）
セイ・ショウ　ただしい　ただす　まさ
正《ただ》しい こたえ

早（6かく）
ソウ・（サッ）　はやい　はやまる　はやめる
あさが 早《はや》い

白（5かく）
ハク　（ビャク）　しろ・しら　しろい
白《しろ》くま

青（8かく）
セイ　（ショウ）　あお　あおい
青空《あおぞら》

赤（7かく）
セキ・（シャク）　あか・あかい　あからむ　あからめる
赤《あか》ちゃん

かたかな

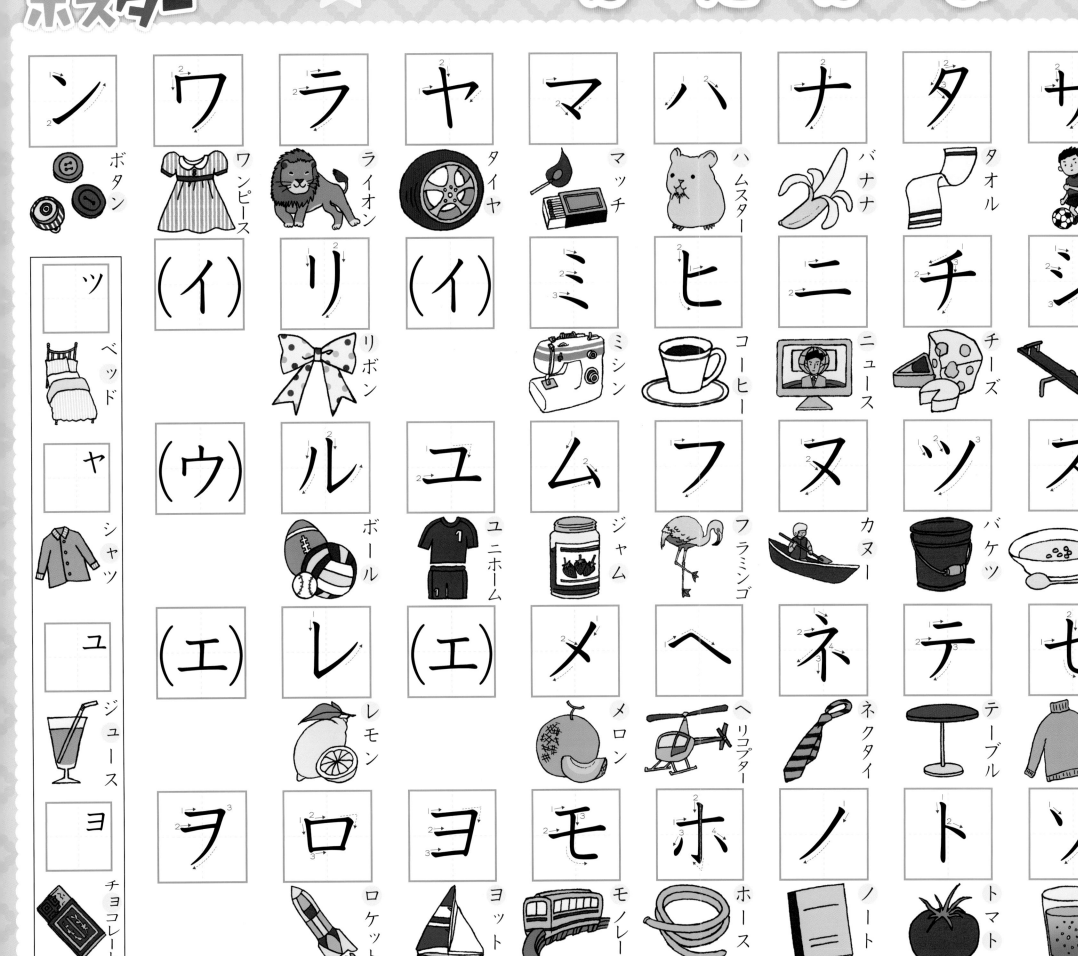

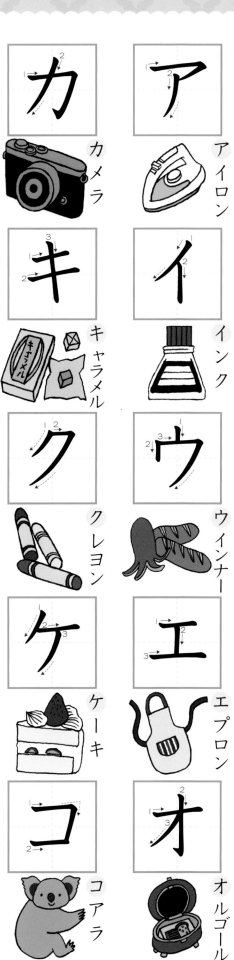

ア	カ	サ	タ	ナ	ハ	マ	ヤ	ラ	ワ	ン
アイロン	カメラ	サッカー	タオル	バナナ	ハムスター	マッチ	タイヤ	ライオン	ワンピース	ボタン
イ	キ	シ	チ	ニ	ヒ	ミ	(イ)	リ	(イ)	
インク	キャラメル	シーソー	チーズ	ニュース	コーヒー	ミシン		リボン		
ウ	ク	ス	ツ	ヌ	フ	ム	ユ	ル	(ウ)	
ウインナー	クレヨン	スープ	バケツ	カヌー	フラミンゴ	ジャム	ユニホーム	ボール		
エ	ケ	セ	テ	ネ	ヘ	メ	(エ)	レ	(エ)	
エプロン	ケーキ	セーター	テーブル	ネクタイ	ヘリコプター	メロン		レモン		
オ	コ	ソ	ト	ノ	ホ	モ	ヨ	ロ	ヲ	
オルゴール	コアラ	ソーダ	トマト	ノート	ホース	モノレール	ヨット	ロケット		

ッ	ャ	ュ	ョ
ベッド	シャツ	ジュース	チョコレート

わくわくポスター

1年 こくご 教科書ワーク

1年生《ねんせい》で ならう かん字《じ》②

ひと・からだ

人 2かく
ジン ニン ひと

女《おんな》の 人《ひと》

口 3かく
コウ ク くち

口《くち》ぶえ

力 2かく
リョク リキ ちから

力《ちから》もち

そら

雨 8かく
ウ あめ あま

大雨《おおあめ》

夕 3かく
（セキ） ゆう

夕日《ゆうひ》

せいかつ

車 7かく
シャ くるま

じどう車《しゃ》

音 9かく
オン （イン） おと ね

ふえの 音《ね》

うごき

見 7かく
ケン みる みえる みせる

えを 見《み》る

男 7かく
ダン ナン おとこ

男《おとこ》の子《こ》

目 5かく
モク （ボク） め （ま）

目《め》ぐすり

気 6かく
キ ケ

気《き》もち

空 8かく
クウ そら あく・あける から
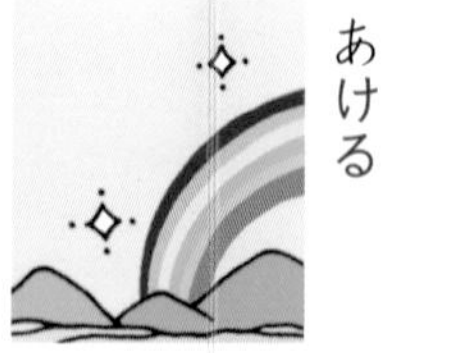
はれた 空《そら》

天 4かく
テン （あめ） あま

天気《てんき》

円 4かく
エン まるい

円《えん》ばん

糸 6かく
シ いと

ほそい 糸《いと》

立 5かく
リツ （リュウ） たつ たてる

まっすぐ 立《た》つ

女 3かく
ジョ・（ニョ） （ニョウ） おんな （め）

女《おんな》の子《こ》

耳 6かく
（ジ） みみ

耳《みみ》かざり

がっこう

学 8かく
ガク まなぶ

小学生《しょうがくせい》

先 6かく
セン さき

先生《せんせい》

文 4かく
ブン モン （ふみ）

文《ぶん》を かく

いきもの

犬 4かく
ケン いぬ

名犬《めいけん》

玉 5かく
ギョク たま

しゃぼん玉《だま》

休 6かく
キュウ やすむ やすまる やすめる

ゆっくり 休《やす》む

子 3かく
シ ス こ

子《こ》ども

手 4かく
シュ て （た）

手《て》ぶくろ

校 10かく
コウ

学校《がっこう》

生 5かく
セイ・ショウ いきる・いかす いける・うまれる うむ・（おう） はえる・はやす （き）・なま

ひなが 生《う》まれる

字 6かく
ジ （あざ）

かん字《じ》

虫 6かく
チュウ むし

かぶと虫《むし》

町 7かく
チョウ まち

大《おお》きな 町《まち》

入 2かく
ニュウ いる いれる はいる

入《い》り口《ぐち》

王 4かく
オウ

王子《おうじ》

足 7かく
ソク あし たりる たる・たす

かけ足《あし》

年 6かく
ネン とし

一年生《いちねんせい》

本 5かく
ホン もと

本《ほん》を よむ

名 6かく
メイ ミョウ な

名《な》ふだ

貝 7かく
かい

貝《かい》がら

村 7かく
ソン むら

村《むら》まつり

出 5かく
シュツ （スイ） でる だす

出口《でぐち》

☆1年生《ねんせい》で ならう かん字《じ》を なかまごとに ならべて あります。
☆赤《あか》い 文字《もじ》は おくりがなです。
☆（ ）は 小学校《しょうがっこう》では ならわない よみかたです。

教科書ワーク
もくじ

教育出版版
こくご1ねん

動画 コードを読《よ》みとって、下《した》の番号《ばんごう》の動画《どうが》を見《み》てみよう。

きょうかしょ㊤

		きょうかしょページ	きほん・れんしゅうのワーク	まとめのテスト
	なかよしの　みち／あかるい　あいさつ　ほか 動画①	見返《みかえ》し～13	4～5	
	かいて　みよう	14～17	6～7	
	こえを　あわせて　あいうえお／あいうえおを　つかおう	18～21	8～9	
	みつけて　はなそう、はなしを　つなごう／かきと　かぎ 動画②	22～25	10～11	
	ことばを　あつめよう	26～27	12～13	
	くまさんと　ありさんの　ごあいさつ	28～31	14～15	
	ねこと　ねっこ 動画②	32～33	16～17	
	ほんを　よもう／ことばを　つなごう	34～37	18～19	
	あいうえおの　うた／ごじゅうおん	38～41	20～21	
	けむりの　きしゃ	42～47	22～23	
	のばす　おん／せんせい、あのね　ほか 動画③	48～53	24～25	
	がぎぐげごの　うた／よく　みて　かこう	54～57	26～27	
	すずめの　くらし／しゃ、しゅ、しょ／きゃきゅきょの　うた 動画③	58～67	28～29	
	しらせたい　ことを　かこう／は、を、へ 動画④	68～73	30～31	
	としょかんへ　いこう／おはなしの　くに／おおきな　かぶ	74～91	32～33	34～35
	えにっきを　かこう	92～93	36～37	
	なつの　おもいでを　はなそう／かたかなの　ことば	94～97	38～39	
	けんかした　山	98～104	40～41	42～43
	かん字の　はじまり 動画⑥	105～107	44～45	
	だれが、たべたのでしょう	108～115	46～47	48～49
	たのしかった　ことを　かこう	116～119	50～51	
	かぞえよう 動画⑤	120～123	52～53	

きょうかしょ㊦

		きょうかしょページ	きほん・れんしゅうのワーク	まとめのテスト
一	あめの　うた／しらせたいな、いきものの　ひみつ	6～10	54～55	62～63
	はたらく　じどう車／「のりものカード」で　しらせよう	12～23	56～59	
	なにを　して　いるのかな？／かん字の　ひろば①　日づけと　よう日 動画⑦	24～30	60～61	
二	うみへの　ながい　たび	32～49	64～67	68～69
三	きこえて　きたよ、こんな　ことば　ほか 動画⑨	50～57（142～145）	70～71	
	かん字の　ひろば②　かん字の　よみかた／こころが　あたたかく　なる　手がみ	58～62	72～73	
四	スイミー　ほか	64～85	74～77	78～79
五	ゆき	86～88	80～81	88～89
	みぶりで　つたえる	90～101	82～85	
	ことばの　ひろば②　文を　つくろう／かん字の　ひろば③　かわる　よみかた	102～105	86～87	
六	はじめて　しった　学校の　こと　ほか	106～113	90～91	
七	おもい出の　アルバム	114～117	92～93	
	かん字の　ひろば④　にて　いる　かん字　ほか 動画⑩	118～120	94～95	
八	お手がみ	122～139	96～99	100～101
ふろく	のんびり森の　ぞうさん	146～153	102～104	

実力《じつりょく》はんていテスト（全《ぜん》4回《かい》）……巻末折《かんまつお》りこみ

こたえとてびき（とりはずすことができます）……別冊《べっさつ》

【イラスト】artbox、いけべけんいち。、かつまたひろこ、クリエイティブ・ノア、下間文恵、陽菜ひよ子、ユニックス

きほんの ワーク

えんぴつで せんを なぞって みよう

もくひょう

- えんぴつで いろいろな せんを ひく れんしゅうを しよう。
- えんぴつの ただしい もちかたを しろう。

べんきょうした 日

月　　日

おわったら シールを はろう

えんぴつを もって かいて みよう

正《ただ》しい しせい

- せなかを まっすぐ のばします。
- からだと つくえの あいだを すこし あけます。
- りょうあしを ゆかに つけます。
- えんぴつを もたない ほうの 手《て》で、かみを おさえます。

正《ただ》しい えんぴつの もちかた

- おやゆびと ひとさしゆびで はさむように もち、なかゆびで ささえます。
- なかゆび、くすりゆび、こゆびを かるく まるめて、こゆびは かみに つけます。
- ゆびに 力《ちから》を 入《い》れすぎないように します。

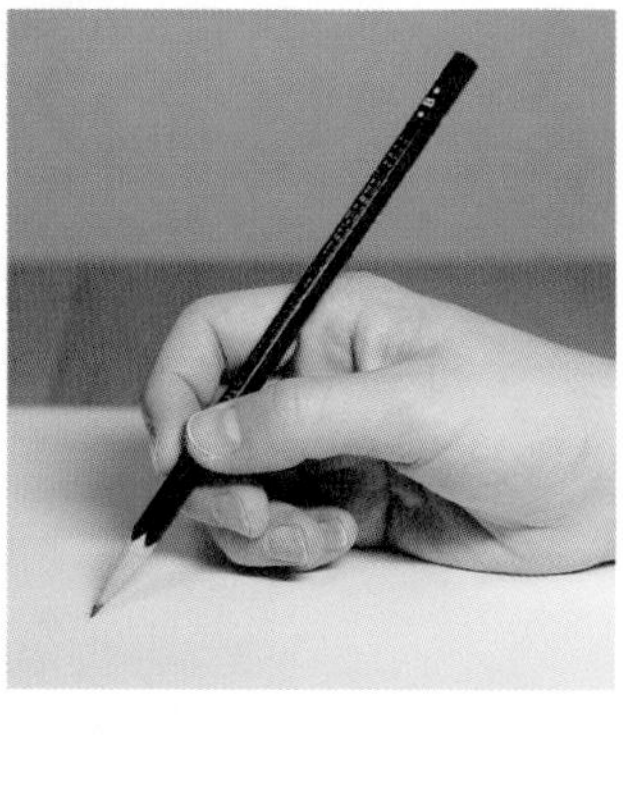

きほんのワーク

なかよしの みち
あかるい あいさつ ほか

きょうかしょ ㊤見返《みかえ》し～13ページ

こたえ 1ページ

もくひょう
●えを みて、どんな ようすか おはなしが できるように なろう。
●あいさつを いえるように なろう。

べんきょうした日 月 日

おわったら シールを はろう

1 したの えを みて、おはなしを しましょう。

① えを みて、みつけた ものを いいましょう。

② みんなは、どこへ いくと おもいますか。

③ みんなは、どんな かおを して いますか。

いえたら いろを ぬりましょう。

2 つぎの とき、どんな あいさつを しますか。おおきな こえで いいましょう。

① あさ、がっこうに いく とちゅう、ともだちに あいました。

② ともだちに ぼうしを ひろって もらいました。

③ よそみを して いて、ともだちに ぶつかって しまいました。

いえたら いろを ぬりましょう。

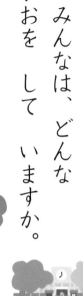

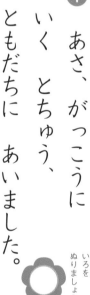

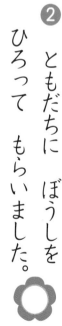

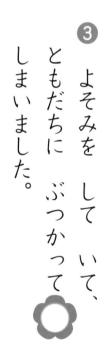

3

あなたの　なまえを　ひらがなで　かきましょう。

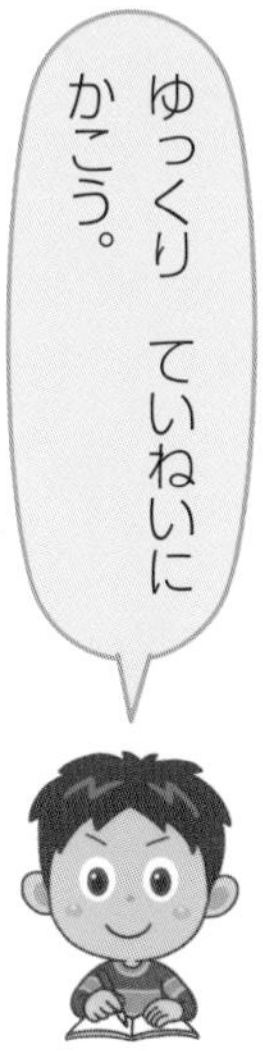

4

すきな　おはなしの　なまえを　いいましょう。

いえたら　いろを　ぬりましょう。

5

つぎの　なかで　いちばん　おおきな　こえを　だす　ばめんに　◯を　つけましょう。

おはよう。

はい。

いっしょに　あそぼう。

ものしりメモ

「こんにちは」は、もともと　「きょうは」と　いう　いみ。「こんにちは（きょう）は、よいおてんきですね」などの　うしろの　ぶぶんが　なくなって、あいさつに　なったんだ。

きほんのワーク

かいて　みよう

きょうかしょ　上14～17ページ

こたえ　1ページ

べんきょうした日　月　日

もくひょう

- えんぴつを　ただしく　もって　かこう。
- ひらがなを　ただしく　かこう。

かん字《じ》れんしゅうノート3ページ

おわったら　シールを　はろう

1 ひらがな

かいて　おぼえましょう。

く　つ　り　と　い

とめる　はらう　はねる

くつ　くま

つり　つくえ

のり　りす

しりとり　とら

いし　いぬ

かきじゅん　1　2　3　4

2

の　し

はらう

しか　しろ

のはら　のりまき

えんぴつを　ただしく　もって、□に　○を　かきましょう。

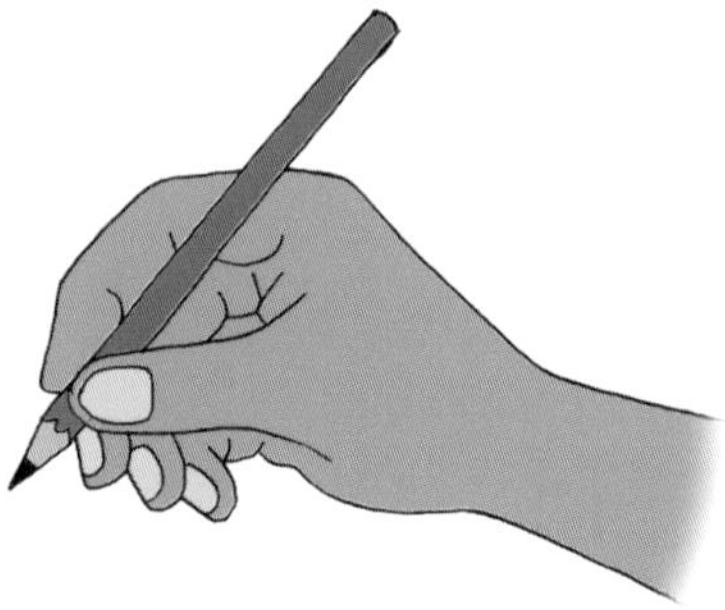

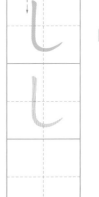

3

えに　あう　ことばを　こえに　だして
いってから、なぞりましょう。

① 

くし

② 

つり

③ 

いし

4

つぎの　じを　つかって、えに　あう
ことばを　かきましょう。

つ　く　し

5

えに　あう　ことばを　かきましょう。

① 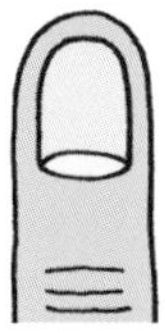

め

② 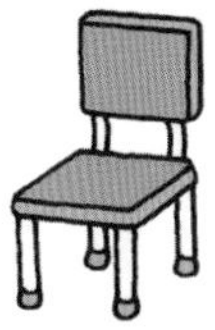

す

③ 

④ 

つ
た

◀なぞりましょう。

⑤ 

し

ものしりメモ　えんぴつは、きの　じくの　なかに　しんを　いれて　いるよ。しんの　かたさの　ちがいで、えんぴつの　こさが　かわるんだ。

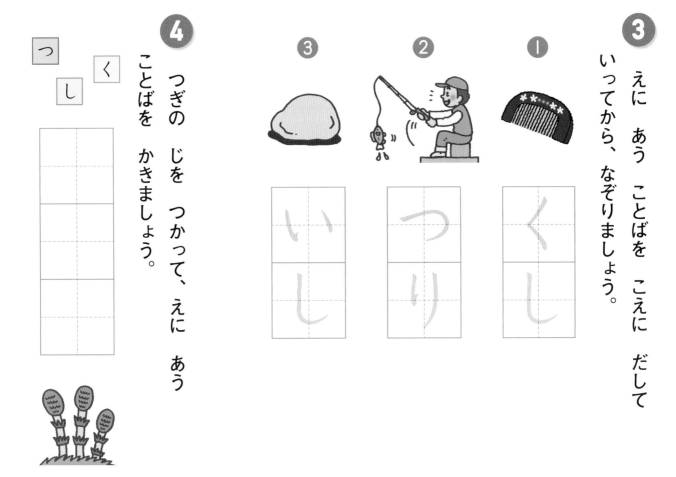

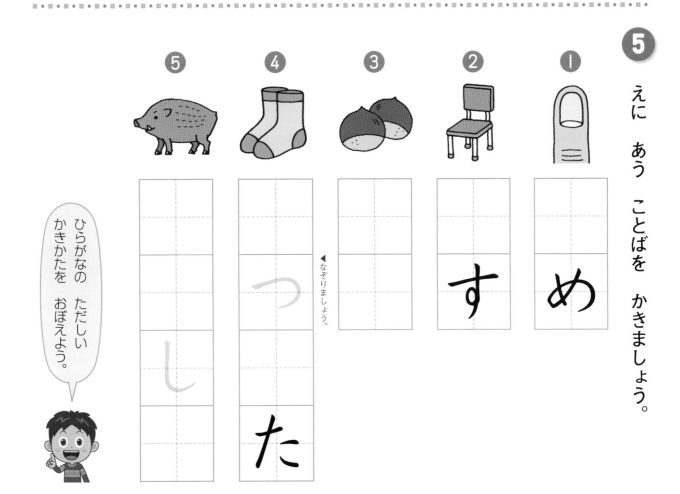

きほんのワーク

こえを あわせて あいうえお あいうえおを つかおう

きょうかしょ ㊤18～21ページ
こたえ 2ページ

もくひょう
●「あいうえお」を ただしく いったり かいたり しよう。

べんきょうした日 月 日

おわったら シールを はろう

1 ひらがな かいて おぼえましょう。

かきじゅん 1 2 3 4

あ（とめる・はらう）
あり
あめ

う（はらう）
うし
うちわ

え
えき
えほん

お（むすぶ・はらう）
おに
おけ
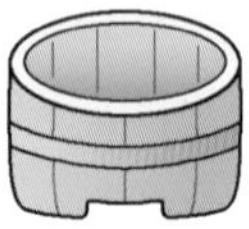

け（はねる・はらう）
いけ
けいと
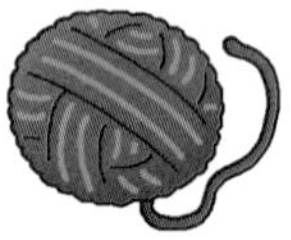

き（はねる）
きつつき
きつね

に（はねる）
にわとり
わに

2 はっきりと こえに だして いいましょう。

1 くちの かたちに きを つけて、いいましょう。

いえたら いろを ぬりましょう。

あ

い

う

え

お

かん字れんしゅうノート4ページ

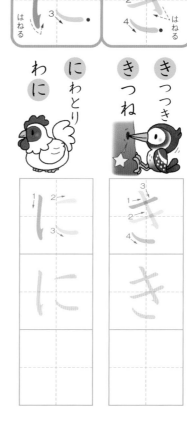

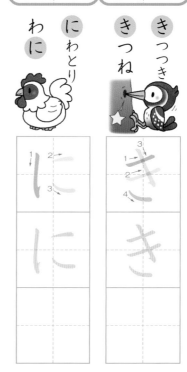

2

えの　ことばを、はっきりと　いいましょう。

あり

いぬ

うま

えき

おの

いえたら　いろを　ぬりましょう。

3

えに　あう　ことばを　こえに　だして　いってから、なぞりましょう。

①

あき

②

おに

4

えに　あう　ことばを　かきましょう。

①

た

②

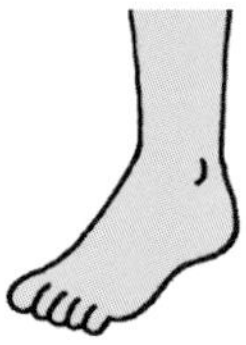

③

ん

④

わ

⑤

ぬ

まえに　ならった　ひらがなも　つかって　みよう。

ものしりメモ

おのは、きを　きるのに　つかう　どうぐだよ。むかしばなしの　きんたろうが　もって　いた　「まさかり」は、おおきな　おのの　ことなんだ。

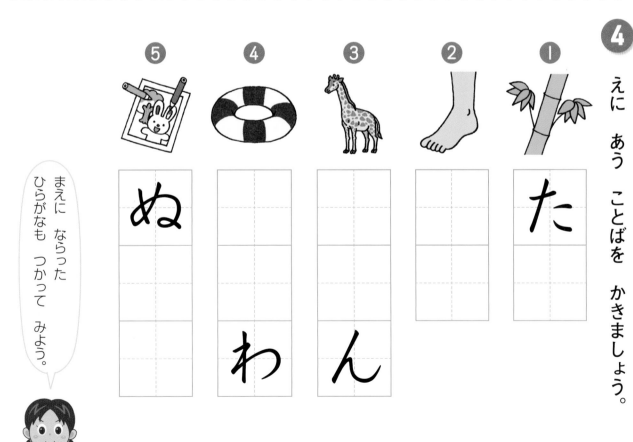

きほんのワーク

みつけて　はなそう、はなしを　つなごう
かきと　かぎ

きょうかしょ　㊤22～25ページ

こたえ　2ページ

べんきょうした日　月　日

もくひょう
- えを　みて　はなそう。
- ゛や　゜の　つく　じを　かいて　みよう。

かん字《じ》れんしゅうノート5～6ページ

おわったら　シールを　はろう

1　ひらがな　かいて　おぼえましょう。

か（とめる・はねる）　さ（はねる）　る　た　ふ（はらう）

- か：かさ　かめ
- さ：さい　さくら
- る：さる　あひる
- た：たい　たこ
- ふ：ふえ　ふね

かきじゅん　1　2　3　4

2　えを　みて、しつもんに　こたえましょう。

や（はらう）

- や：なつやすみ　やかん

いえたら　いろを　ぬりましょう。

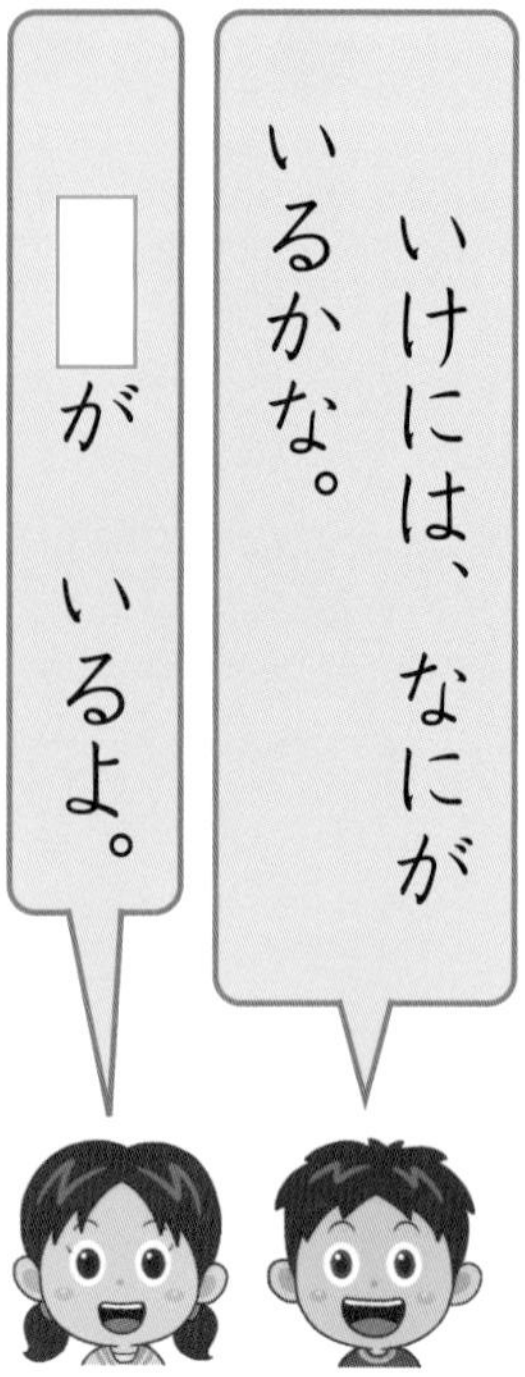

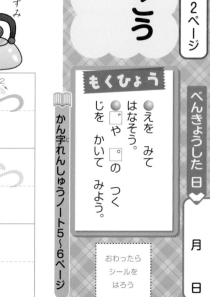

3 ゛や ゜が つく じを かきましょう。

ぷ ぷ
ぶ ぶ

゛や ゜は、いちばん あとに、もじの みぎうえに かこう。

4 •の じに ゛が つくと どんな ことばに なりますか。

① かき•
② さ•る
③ た•い

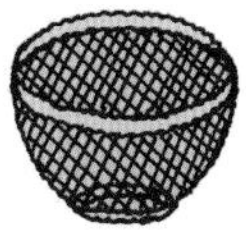

5 ことばを なぞりましょう。

① ふかふかの ふとんで ねむる。

② ぶかぶかの ふくを きる。

③ ぷかぷかと うみに うかぶ。

6 ぶんを なぞって、よみましょう。

ぶたが いる。

ものしりメモ
「はらはらと はなが ちる。」、「ばらばらと ひとが あつまる。」、「ぱらぱらと あめが ふる。」のように、「゛」や 「゜」が つくと、ことばの いみが かわるんだね。

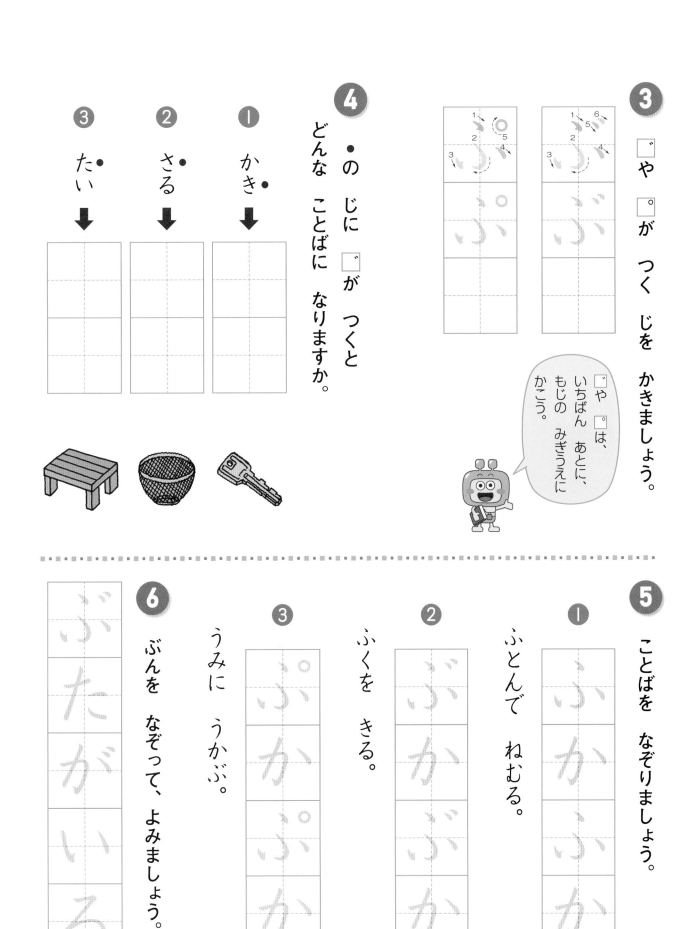

きほんのワーク

ことばを あつめよう

きょうかしょ 上26～27ページ

こたえ 2ページ

べんきょうした日 月 日

もくひょう
いろいろな ことばを ひらがなで ただしく かこう。

おわったら シールを はろう

かん字《じ》れんしゅうノート6ページ

1 ひらがな かいて おぼえましょう。

かきじゅん 1 2 3 4

ま すなはま まくら

ほ ほん ほたる

ん かん こうえん

す すいか するめ

そ そら そうじ

ら らくがき らくだ

ぬ いぬ たぬき

み みかん すみれ

ち ちず ちくわ

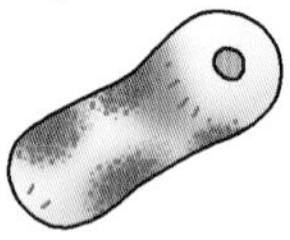

は はち はさみ

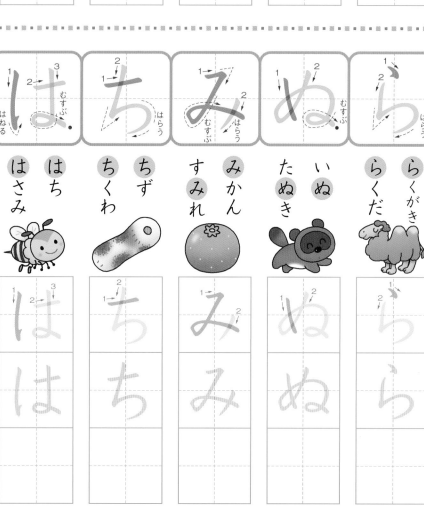

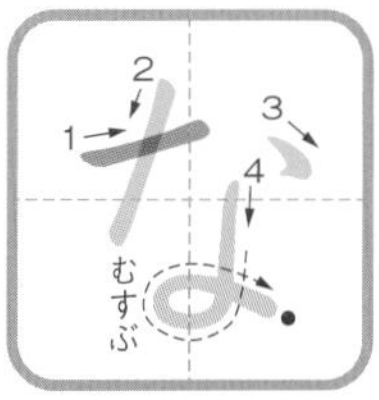

さかな
なす

な
な

2 えに　あう　ことばを　かきましょう。

1

2

3

4

5

6

7

8

9

じの　かたちに
ちゅういして　かこう。

ものしりメモ

はさみには、みぎてで　つかう　ための　ものと、ひだりてで　つかう　ための　ものが　あるんだ。また、どちらの　てでも　つかう　ことが　できる　ものも　あるよ。

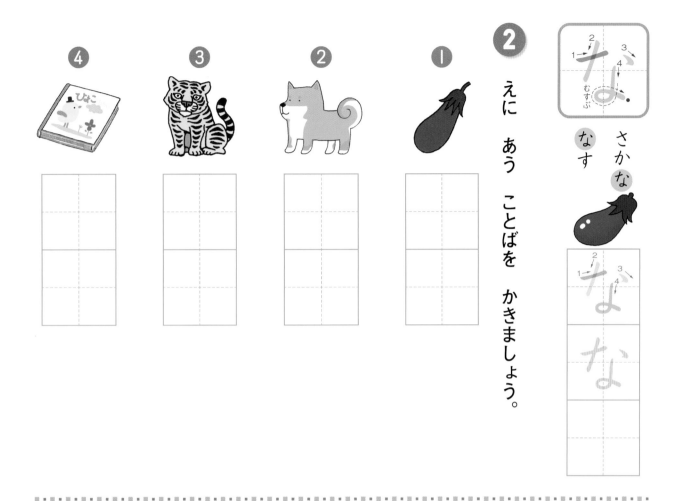

きほんのワーク

くまさんと ありさんの ごあいさつ

きょうかしょ 上28～31ページ

こたえ 3ページ

べんきょうした日　月　日

もくひょう

●おはなしを こえに だして よもう。

かん字れんしゅうノート7ページ

おわったら シールを はろう

ぶんしょうを よんで、こたえましょう。

くまさんと ありさんが、
みちで あいました。

「こんにちは。」

と、くまさん。

「こんにちは。」

と、ありさん。

ありさんは、にもつを せおって
います。

くまさんが、

1 くまさんと ありさんは、さいしょに どんな あいさつを しましたか。

「こ＿＿＿＿＿＿。」

2 ありさんが せおって いる ものは なんですか。（ひとつに ○を つけましょう。）

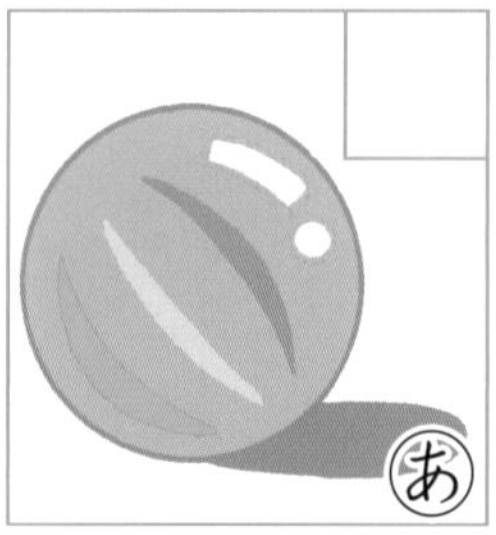
あ

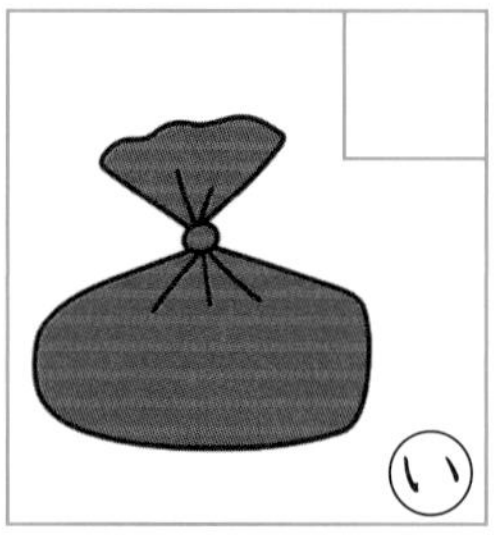
い

う

3 くまさんと ありさんが いった ことばは どれですか。・――・で むすびましょう。

「たいへんですね。」
と、こえを
かけると、
ありさんは、
「わたし、ちからもちなの。」
と、こたえました。
「それでは、またね。」
「またね。」
ありさんは、だいじな　にもつを
しっかり　せおって、
すれちがいました。
くまさんは、ありさんを
ふんだら　たいへんと、
そっと　すれちがいました。

〈「くまさんと　ありさんの　ごあいさつ」に　よる〉

❶ くまさん ・　　・ あ「わたし、ちからもちなの。」

❷ ありさん ・　　・ い「たいへんですね。」

4 ありさんと　くまさんは、どんな　ようすで　すれちがいましたか。

ありさん　だいじな　にもつを　□つ□□　せおって、すれちがいました。

くまさん　ありさんを　ふんだら　たいへんと、□つ□　すれちがいました。

ありさんと
くまさんの
ようすを
おもいうかべて
みよう。

ものしりメモ　ありは、なかまで　あつまって　くらして　いるよ。たまごを　うむ　「じょおうあり」と、えさを　はこぶ　「はたらきあり」が　いっしょに　せいかつして　いるんだ。

きほんのワーク

ねこと ねっこ

きょうかしょ ㊤32～33ページ

こたえ 3ページ

べんきょうした日 月 日

もくひょう

●ちいさい っ の つく ことばを ただしく かこう。

おわったら シールを はろう

かん字《じ》れんしゅうノート7ページ

1 ひらがな かいて おぼえましょう。

ね　ねこ　たね

こ　さいころ　こま

て　きって　てぶくろ

せ　せみ　せんたく

よ　よなか　よる

かきじゅん 1 2 3 4

はねる　とめる　むすぶ

2 えと ことばを、●――● で むすびましょう。

①

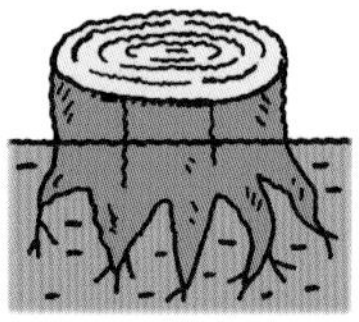

②

ねこ

ねっこ

◀なぞりましょう。

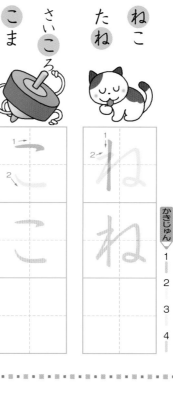

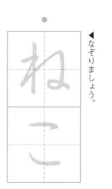

3 えに　あう　ことばに　なるように、□に　つか　っを　かきましょう。

① 

き□ね

② 

き□て

4 えに　あう　ことばに、○を　つけましょう。

① 

あ（　）らつぱ
い（　）らっぱ

② 

あ（　）ばった
い（　）ばつた

5 えに　あう　ことばを　かきましょう。

▲なぞりましょう。

① 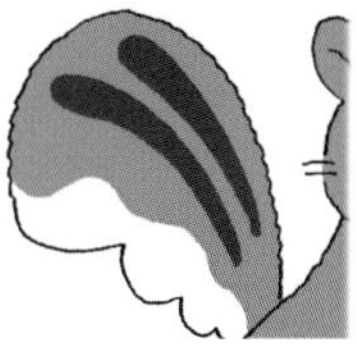

し

② 

は

③ 

が

6 えに　あう　ぶんを　つくりましょう。

◀なぞりましょう。

ら□こは、

およぐ。

ものしりメモ

「ねこ」→「ねっこ」のように、ちいさい　「っ」を　いれると、ちがう　ことばに　なるものが　あるんだね。ほかに、「まくら」→「まっくら」も　そうだよ。おもしろいね。

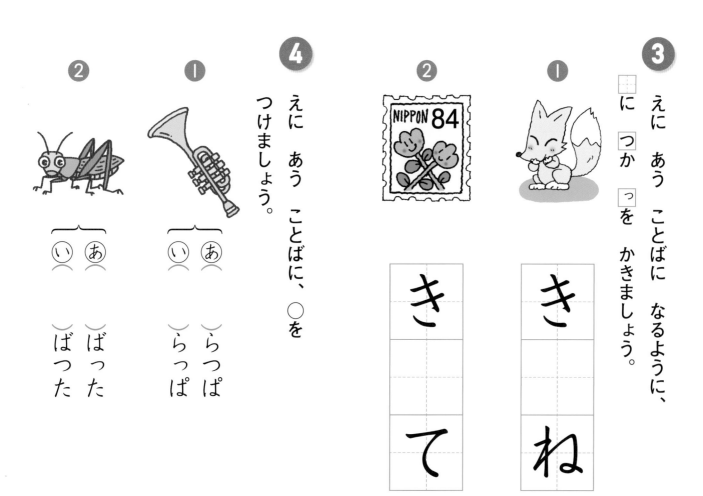

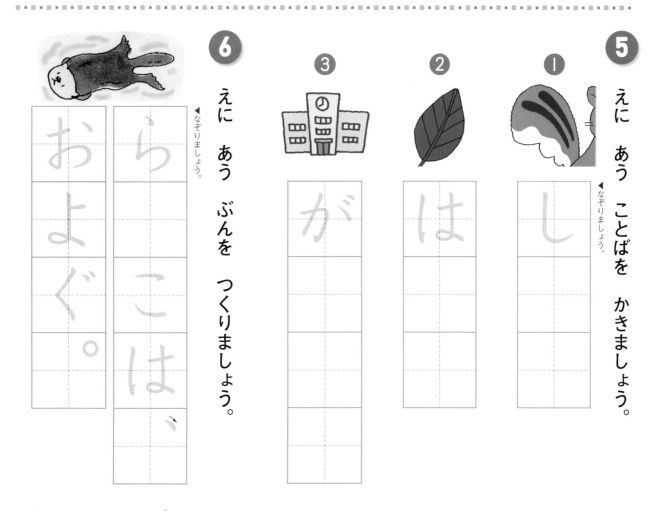

きほんのワーク

ほんを よもう
ことばを つなごう

きょうかしょ 上 34～37ページ

こたえ 3ページ

もくひょう
●ほんを よんで、もじに ふれよう。
●ひらがなの ことばを つなごう。

べんきょうした日 月 日

おわったら シールを はろう

かん字れんしゅうノート8ページ

1 ひらがな かいて おぼえましょう。

かきじゅん 1 2 3 4

も（とめる はらう） ろ（はらう） へ れ（はらう） ひ

もぐら もも

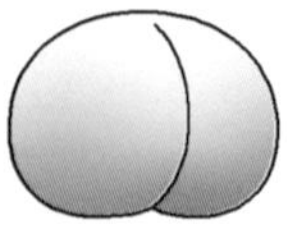

おふろ ろうそく

へや へび

れんこん れんが

ひまわり ひこうき

も ろ へ れ ひ

も ろ へ れ ひ

わ（はらう） め（はらう） ゆ（はらう） を む（むすぶ はらう）

なわとび わた

かめ めだか

ゆめ ゆき

えを かく。

むし むらさき

わ め ゆ を む

わ め ゆ を む

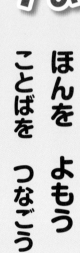

2 ほんに ついて はなしましょう。

1 すきな ほんの なまえを いいましょう。

いえたら いろを ぬりましょう。

2 すきな ほんの、どんな ところが すきか いいましょう。

3 ぶんを なぞりましょう。

ほんを よむ。

3 □に あう じを かいて、ことばを つなぎましょう。

▼なぞりましょう。

あ　さ　る　わ　た　お　ら

ものしりメモ むかし、かみの ほんが できるまでは、はっぱや ねんど、ひつじなどの どうぶつの かわに もじを かいて、ほんを つくって いたよ。

きほんのワーク

あいうえおの うた
ごじゅうおん

きょうかしょ ㊤38〜41ページ

こたえ 4ページ

べんきょうした日 月 日

もくひょう
●ひらがなの かきかたを おぼえよう。
●ひらがなの ひょうを、こえに だして よもう。

おわったら シールを はろう

かん字《じ》れんしゅうノート9ページ

1 ごじゅうおんの ひょうを おぼえましょう。

1 ひらがなを かいて おぼえましょう。

▲なぞりましょう。

あ	か	さ	た	な
い	き	し	ち	に
う	く	す	つ	ぬ
え	け	せ	て	ね
お	こ	そ	と	の

3 いちばん うえの だんを 「あ」から じゅんに よんで、◯に じを かきましょう。

うすい じは なぞりましょう。

あ
か
◯
◯
◯
◯
◯
◯
◯
わ

ごじゅうおんの ひょうの いちばん うえの だんの じは、どれも ながく のばすと 「あ」の おんに なるよ。

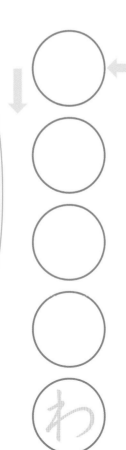

2 **1**で かいた ごじゅうおんの ひょうを うえから じゅんに よみましょう。

よめたら いろを ぬりましょう。

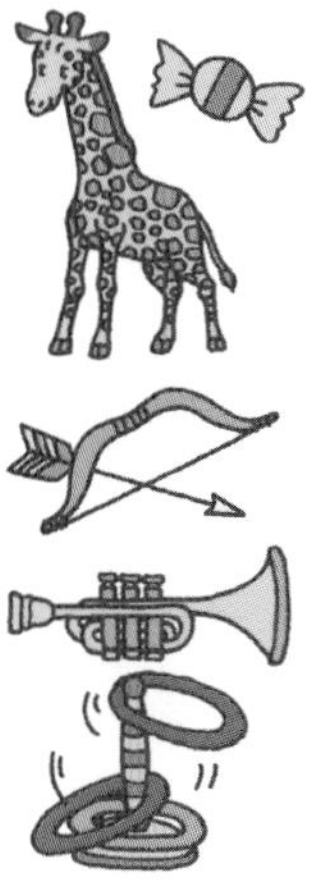

ん	わ	ら	や	ま	は
	(い)	り	(い)	み	ひ
	(う)	る	ゆ	む	ふ
	(え)	れ	(え)	め	へ
	を	ろ	よ	も	ほ

● **2** ゛や ゜の つく じを おぼえましょう。
□に あてはまる じを かきましょう。

◀なぞりましょう。

ぱ	ば	だ	ざ	が
	び	ぢ	じ	ぎ
ぷ				
				げ
	ぼ	ど	ぞ	

ものしりメモ ひらがなも かたかなも、かんじから つくられた じだよ。ひらがなは、かんじの かたちを くずして つくられた ものなんだよ。

けむりの きしゃ

きょうかしょ 上42〜47ページ

こたえ 4ページ

べんきょうした日 月 日

もくひょう
●おはなしに かいて ある ことを よみとろう。

おわったら シールを はろう

ぶんしょうを よんで、こたえましょう。

ながれぼしが、おちて きました。えんとつそうじの おじいさんが、ひろいました。おじいさんは、ながれぼしを えんとつの てっぺんに おきました。

「さあ、そらに かえして あげよう。」

おじいさんは、まきを もやしはじめました。えんとつから、けむりが でて きました。

1 おじいさんは、なにを ひろいましたか。

はじめの ぶんに ちゅうもくしよう。

かん字《じ》れんしゅうノート10ページ

2 おじいさんは、ながれぼしを どこに おきましたか。○を つけましょう。

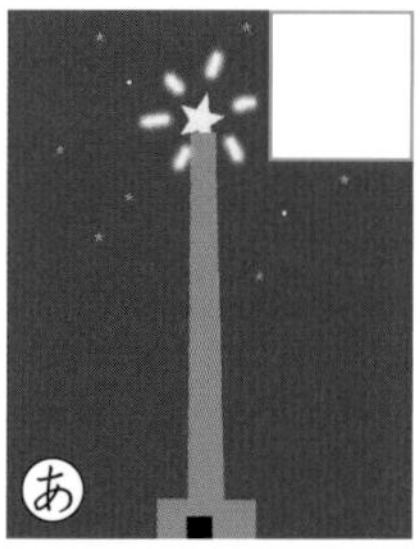

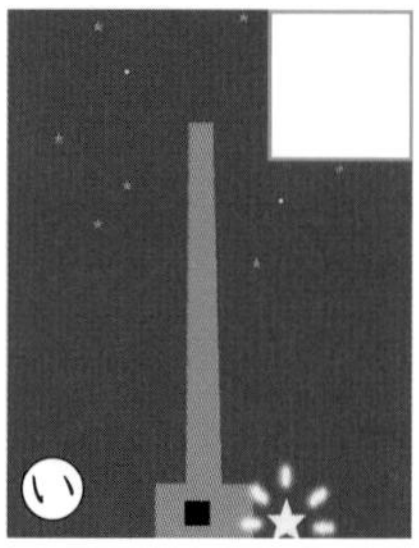

ぶんしょうを よんで、えんとつの どこに おいたか かんがえよう。

「おじいさん、ありがとう。」
ながれぼしは、けむりに　のって、
そらへ　そらへと　のぼって　いきました。

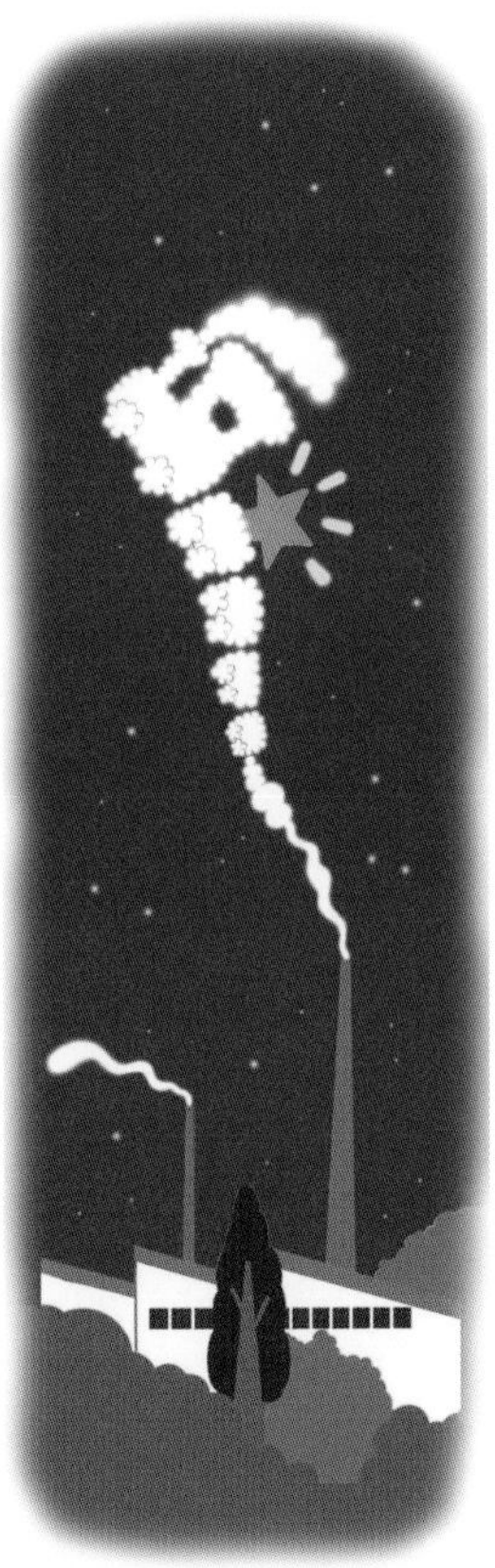

〈やざき　せつお「けむりの　きしゃ」に　よる〉

3 おじいさんは、まきを　どう　しましたか。

まきを［　　　　］はじめました。

4 ながれぼしは、おじいさんに　なんと　いいましたか。ながれぼしが　いった　ことばに、――を　ひきましょう。

いった　ことばには、「　」（かぎ）が　ついて　いるよ。

5 よくでる！ ながれぼしは、けむりに　のって　どう　しましたか。

（ひとつに　○を　つけましょう。）

あ（　）ほかの　ほしに　あいに　いった。
い（　）そらへ　そらへと　のぼって　いった。
う（　）すこしずつ　ちいさく　なって　きえて　いった。

ものしりメモ
うちゅうの　ちりが　ちきゅうに　おちて　くる　とき、もえて　ひかって　みえる　ものが　ながれぼしだよ。もえきらずに　おちて　きた　ものを、「いんせき」と　いうよ。

きほんのワーク

のばす おん／せんせい、あのね みんなに はなそう

きょうかしょ　上48～53ページ
こたえ　4ページ

もくひょう
- のばす　おんの　かきかたを　おぼえよう。
- じぶんの　ことを　みんなの　まえで　はなせるように　なろう。

かん字《じ》れんしゅうノート10・11ページ

おわったら　シールを　はろう

1 いえの　ひとの　よびかたを　ただしく　かきましょう。

▲なぞりましょう。

① おか（　）さん
② おと（　）さん
③ おね（　）さん
④ おに（　）さん
⑤ いも（　）と

2 かきかたが　ただしい　ほうに、○を　つけましょう。

① あ（　）せんせい　い（　）せんせえ
② あ（　）かきごうり　い（　）かきごおり
③ あ（　）ひこうき　い（　）ひこおき

3 のばす　おんに　きを　つけて、えに　あう　ことばを　かきましょう。

▲なぞりましょう。

① す（　）じ
② ろ（　）そ（　）

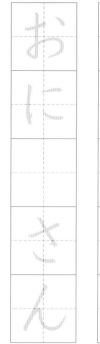

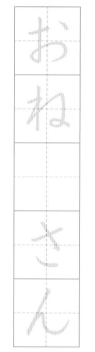

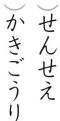

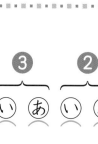

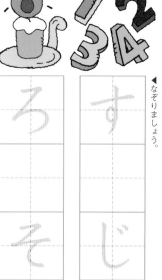

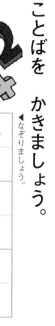

4 えを　みて、□に　あう　ことばを　□から　えらんで　かきましょう。

1 ぼくは、かぞくと

□□へ

□□□□。

いった　たべた　うみ　やま

2 わたしは、

□□□□□□へ　いって、

□□□□□□を

した。

たこあげ　こうえん
がっこう　なわとび

5 わたしは、ねこが　□に　あう　ことばを、□から　えらんで　かきましょう。

わたしは、ねこが

すき□□。

みけと　いう

なまえの　ねこを

かって　いて、

まいにち　いっしょに

あそび□□。

ます　です

ものしりメモ

「です」や　「ます」を　つかうと　ていねいな　ことばに　なるよ。がっこうで　みんなの　まえで　はなす　ときは、ていねいな　ことばで　はなすように　しよう。

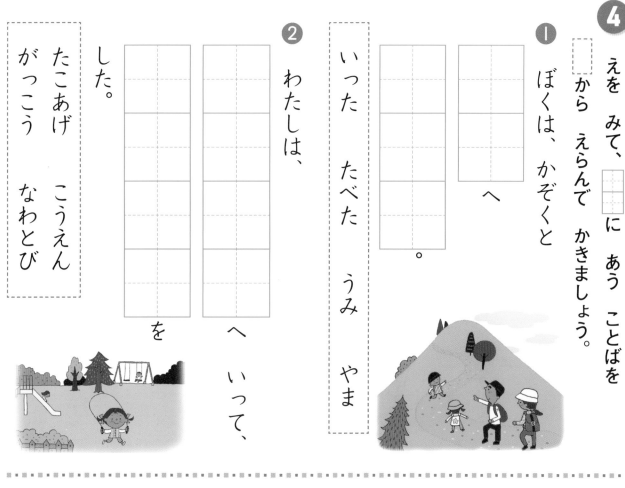

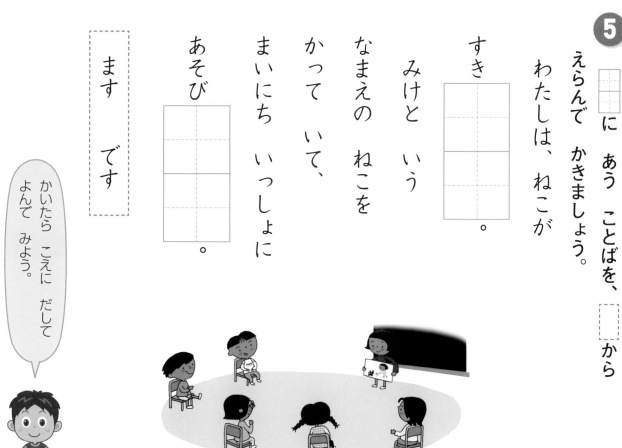

きほんのワーク

がぎぐげごの うた
よく みて かこう

きょうかしょ ㊤54～57ページ

こたえ 5ページ

もくひょう

● ゛や ゜の つく じを よんだり かいたり しよう。
● きが ついた ことを かけるように なろう。

べんきょうした日 月 日

おわったら シールを はろう

かん字《じ》れんしゅうノート11ページ

1 かきかたが ただしい ほうに、○を つけましょう。

① ㋐（ ）かまかえる
　㋑（ ）がまがえる

② ㋐（ ）ざりがに
　㋑（ ）さりかに

③ ㋐（ ）はとぽっぽ
　㋑（ ）はとほっほ

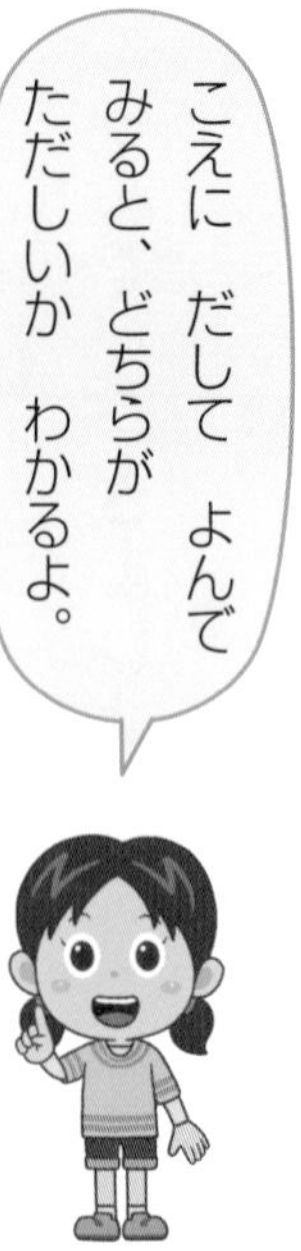

こえに だして よんで みると、どちらが ただしいか わかるよ。

2 えに あう ことばを かきましょう。

①

②

③

④

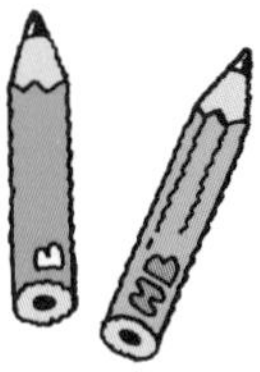

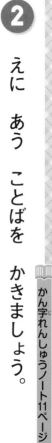

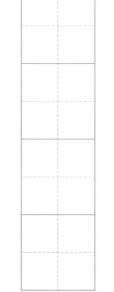

3 ぶんしょうを　よんで、こたえましょう。

あさがおのつるがのびたよ

6がつ13にち　もくようび　　てんき　はれ

なまえ　おおた　あきな

つるのたかさは、したじきよりすこしひくいくらいです。つるにさわってみたら、ざらざらしていました。はながさくのがたのしみです。

1 おおたさんは、なにに　ついて　かいて　いますか。

［　　　　］の　つる。

2 つるの　たかさは、どれくらいですか。

したじきより　すこし［　　　　］くらい。

3 つるに　さわった　かんじを、どのように　かいて　いますか。
（ひとつに　○を　つけましょう。）

あ（　）つるつるして　いました。
い（　）でこぼこして　いました。
う（　）ざらざらして　いました。

4 あさがおに　ついて、おもった　ことを　どのように　かいて　いますか。

［　　　　］が　さくのが［　　　　］です。

ものしりメモ　あさがおと　かたちが　にて　いる　はなに、「ひるがお」「ゆうがお」「よるがお」が　あるよ。なまえに　いちにちの　じかんの　なまえが　はいって　いるね。

きほんのワーク

すずめの くらし／しゃ、しゅ、しょ きゃきゅきょの うた

きょうかしょ ㊤58～67ページ
こたえ 5ページ

べんきょうした日 月 日

もくひょう
●すずめに ついての ぶんしょうを よみとろう。
●ちいさい や・ゆ・よ の つく ことばを かこう。

おわったら シールを はろう

かん字《じ》れんしゅうノート12ページ

1 ぶんしょうを よんで、こたえましょう。

のはらに、ちゃいろの
ことりが います。
すずめです。
なにを して
いるのでしょう。
すずめは、
たべものを さがして
いるのです。
じめんを つついて、
くさの たねを
たべて います。

〈「すずめの くらし」に よる〉

1 しつもんを して いる ぶんに、――を ひきましょう。

「……でしょう。」と いう ぶんを さがそう。

2 すずめは、なにを さがして いますか。

□□□□

3 よくでる すずめは、なにを たべて いますか。（ひとつに ○を つけましょう。）

あ（ ）くさの はっぱ。
い（ ）くさの たね。
う（ ）くさの ねっこ。

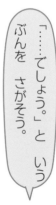

2 かきかたの ただしい ほうに、○を つけましょう。

1

あ（ ）じどうしや
い（ ）じどうしゃ

2

あ（ ）しょっき
い（ ）しよっき

3
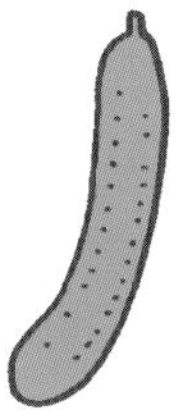
あ（ ）きゆうり
い（ ）きゅうり

4

あ（ ）じやんけん
い（ ）じゃんけん

3 えに あう ことばを かきましょう。

1

2

3
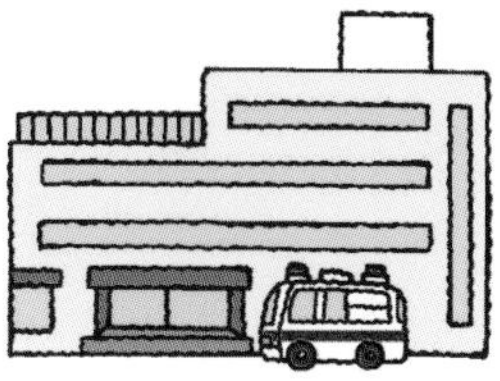
4
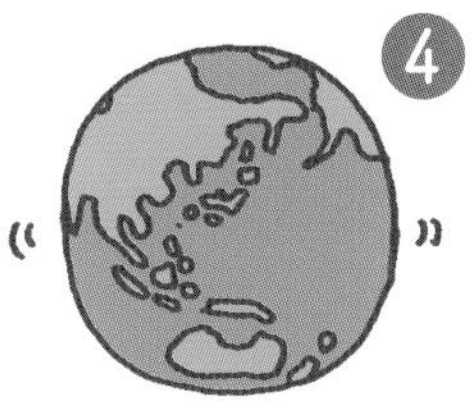

◀なぞりましょう。

1 ひ□□□ん

2 で□□□

3 び□□□□

4 ち□□う

ちいさい や・ゆ・よ は、ますの みぎうえの ところに かくよ。

ものしりメモ
とても すくない ことを、「すずめの なみだ」と いうよ。「すずめの なみだほどの おかね」のように つかうんだ。

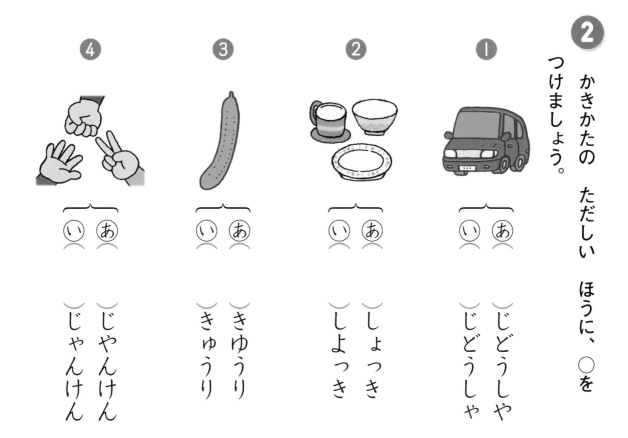

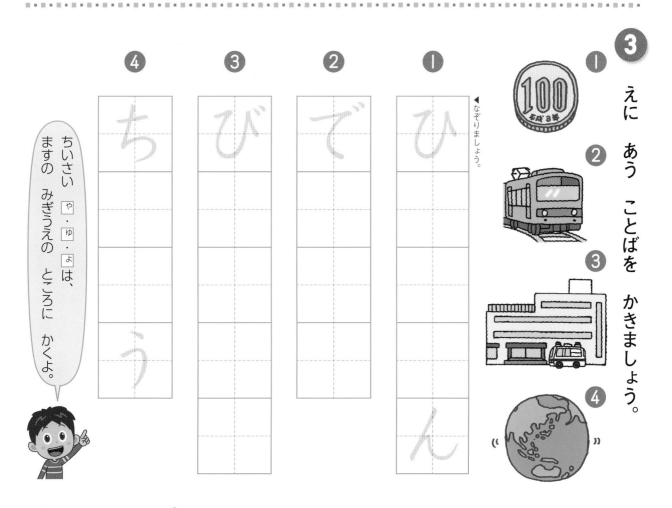

きほんのワーク

しらせたい ことを かこう
は、を、へ

きょうかしょ ㊤68～73ページ
こたえ 5ページ

もくひょう
●しらせたい ことの かきかたを まなぼう。
●「は」「を」「へ」を ただしく つかおう。

べんきょうした日 月 日

おわったら シールを はろう

かん字《じ》れんしゅうノート13ページ

1 つぎの つじさんが かいた ぶんしょうを よんで、こたえましょう。

> そらのえ　つじ りく
>
> ぼくは、きのう、そらのえをかきました。あおいくれよんで、いろをぬりました。

1 どんな ことを しらせて いますか。

［　　　　］の えを かいた こと。

2 つじさんの かいた ぶんしょうを、ただしく かきうつしましょう。

そ　つ

ぼくは、

ほんぶんを かきはじめる ところは ひとます あけます。

、や。も ひとますに かきます。

2 □に あう ただしい じを えらんで、かきましょう。

① わたし□（わ・は）、□（わ・は）なげを します。

② おかあさんは、□（お・を）むすび□（お・を）つくります。

③ おじいさんは、□（え・へ）き□（え・へ）いきます。

3 □の ことばを □に いれて、えに あう ぶんを つくりましょう。

① さかな　たべます　ねこ

（は、）（を）（。）

② いきます　いもうと　こうえん

（は、）（へ）（。）

ものしりメモ

くれよんは、いまから　100ねんほど　まえに、あめりかと　いう　くにから、にほんに もって　こられたと　いわれて　いるよ。

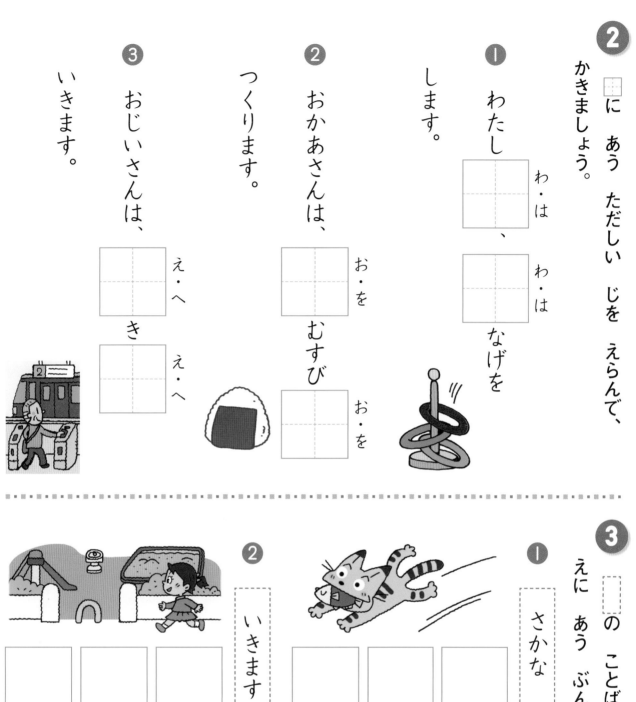

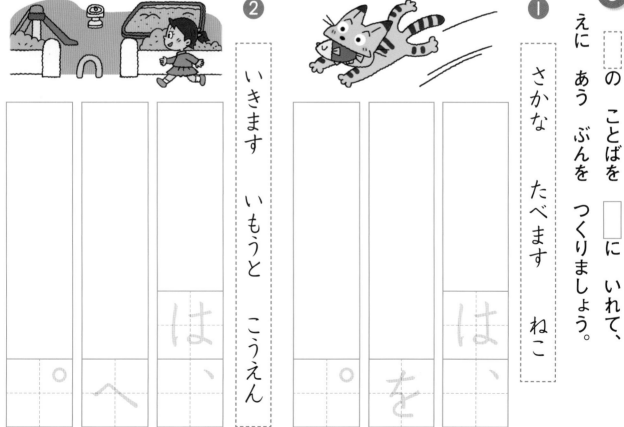

としょかんへ いこう／おはなしの くに
おおきな かぶ

きょうかしょ ㊤74～91ページ
こたえ 6ページ

もくひょう
●すきな ほんを しょうかいしよう。
●おはなしに でて くる ひとの ようすや きもちを よみとろう。

べんきょうした日　月　日

おわったら シールを はろう

かん字《じ》れんしゅうノート14ページ

1 すきな ほんに ついて、はなしを して います。よんで、こたえましょう。

> ぼくが すきな ほんは、「はなさかじいさん」です。すきな ばめんは、かれきに はなが さく ところです。

1 なんと いう ほんを、しょうかいして いますか。

［　　　　］

2 すきな ばめんは、どんな ところだと はなして いますか。

かれきに［　　　　］ところ。

2 「おおきな かぶ」の おはなしの じゅんに 1～6を かきましょう。

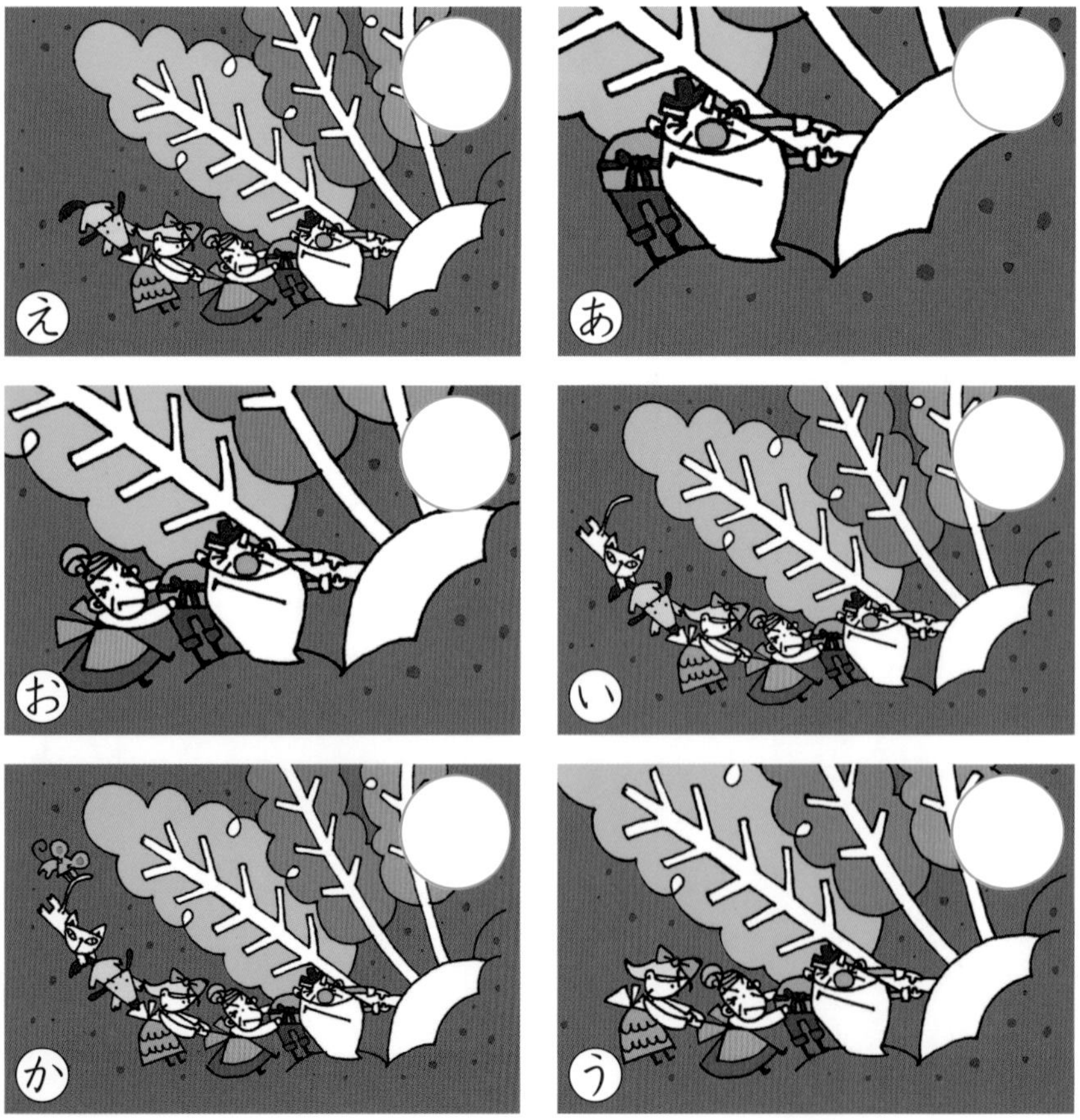

ことばの いみ プラス　33ページ8ぎょう　とてつもなく…とんでもなく。とほうもなく。

3 ぶんしょうを よんで、こたえましょう。

おじいさんが、かぶの
たねを まきました。
「あまい、あまい かぶに
なれ。おおきな、おおきな
かぶに なれ。」
あまそうな、げんきの いい、
とてつもなく おおきな
かぶが できました。
おじいさんは、かぶを
ぬこうと しました。
「うんとこしょ、
どっこいしょ。」
ところが、
かぶは ぬけません。

〈内田《うちだ》 莉莎子《りさこ》 訳「おおきな かぶ」（福音館書店刊）に よる〉

1 おじいさんは、なんの たねを まきましたか。

（　　　　）の たね。

2 おじいさんは、どんな きもちで たねを まきましたか。
（ふたつに ○を つけましょう。）

あ（　）かたい かぶに なって ほしい。
い（　）おおきな かぶに なって ほしい。
う（　）あまい かぶに なって ほしい。
え（　）きれいな かぶに なって ほしい。

3 よくでる おじいさんが かぶを ぬこうと すると、かぶは ぬけましたか。

かぶは（　　　　）。

ものしりメモ
「はなさかじいさん」には、いぬが でて くるよ。いぬが でて くる むかしばなしには、ほかに 「ももたろう」が あるよ。よんでみよう。

まとめのテスト

おおきな かぶ

きょうかしょ 上 74～91ページ

こたえ 6ページ

べんきょうした日 月 日

じかん 20ぷん

とくてん /100てん

おわったら シールを はろう

ぶんしょうを よんで、こたえましょう。

「うんとこしょ、
どっこいしょ。」
それでも、
かぶは ぬけません。

ねこは、ねずみを
よんで きました。
ねずみが ねこを ひっぱって、
ねこが いぬを ひっぱって、
いぬが まごを ひっぱって、
まごが おばあさんを
ひっぱって、おばあさんが

1 みんなで、なにを ぬこうと して いますか。〔15てん〕

2 よくでる みんなは、なんと いって かぶを ひっぱりましたか。〔20てん〕

3 かぶを ひっぱる ときの かけごえから、どんな ようすが わかりますか。（ひとつに ○を つけましょう。）〔15てん〕

あ（ ）ちからいっぱい ひっぱる ようす。
い（ ）のんびりと ひっぱる ようす。
う（ ）いやいや ひっぱる ようす。

おじいさんを ひっぱって、
おじいさんが かぶを
ひっぱって――。
「うんとこしょ、
どっこいしょ。」
［　　］、かぶは
ぬけました。

〈内田《うちだ》 莉莎子《りさこ》 訳「おおきな かぶ」（福音館書店刊）に よる〉

15

4 どんな じゅんばんに ならんで、かぶを ひっぱりましたか。［　］に あう ことばを かきましょう。 ひとつ5〔15てん〕

ねずみ
↓
［　　　　］
↓
［　　　　］
↓
まご
↓
［　　　　］
↓
おじいさん
↓
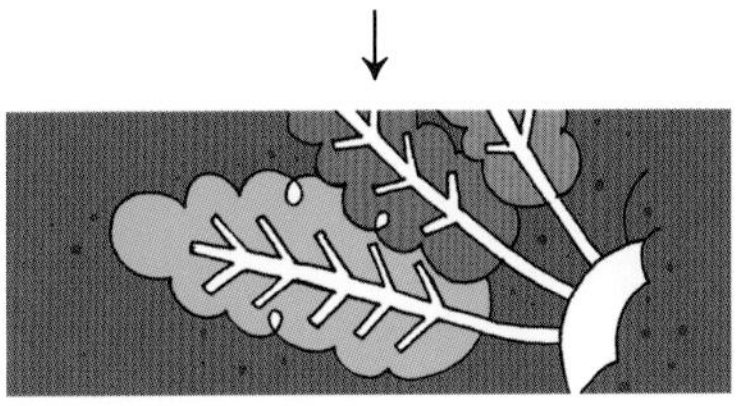

5 よくでる ［　］には、どんな ことばが はいりますか。〔15てん〕

あ（　）けれども
い（　）まだ まだ
う（　）やっと

6 みんなで ひっぱったら、かぶは どう なりましたか。〔20てん〕

かぶは ［　　　　　　　　］。

ものしりメモ
かぶは、せかいじゅうで いろいろな しゅるいが つくられて いるよ。
しろい かぶの ほかに、あかい かぶや きいろい かぶなども あるんだよ。

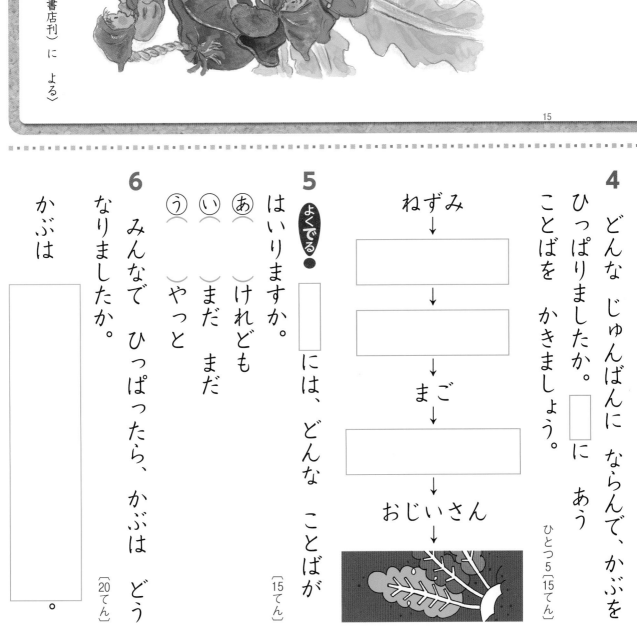

きほんのワーク

えにっきを　かこう

きょうかしょ　㊤92～93ページ
こたえ　6ページ

もくひょう
●その　ひに　あった　ことを　おもいだして、えにっきを　かけるように　なろう。

べんきょうした　日　月　日

おわったら　シールを　はろう

かん字《じ》れんしゅうノート14ページ

✖ えにっきを　よんで、こたえましょう。

7がつ　21にち　にちようび　はれ

（ひらの　たつや）

きょう、かぞくで
うみに　いきました。
すなはまが　ひろくて、
びっくりしました。
おねえちゃんと、
すなの　やまを　つくり
ました。

1　ひらのさんは、いつの　ことを　かいて　いますか。

□がつ　□にち　□ようび

2　ひらのさんは、かぞくで　どこへ　いきましたか。
（ひとつに　○を　つけましょう。）

あ（　）やま
い（　）うみ
う（　）かわ

3 ひらのさんは、おもった ことを どのように かいて いますか。

[　　　　] が ひろくて、[　　　　] しました。

ひらのさんは、どこに いって、その とき、どんな きもちに なったかを えにっきに かいて いるね。

4 ひらのさんは、おねえちゃんと なにを つくりましたか。

（ひとつに ○を つけましょう。）

あ（　）すなの いえ
い（　）すなの みち
う（　）すなの やま

5 ひらのさんに、おもった ことを いう ときは、どう いえば よいですか。

（ひとつに ○を つけましょう。）

あ（　）うみで およぎましたか。
い（　）わたしも、うみに いって みたいです。
う（　）わたしは、やまに いきました。

6 うみの いろの ことを しりたい ときは、どのように きいたら よいですか。

（ひとつに ○を つけましょう。）

あ（　）だれと うみに いきましたか。
い（　）うみは つめたかったですか。
う（　）うみは、どんな いろでしたか。

ものしりメモ すなはまは、うみの なみの ちからで すなが つもって できたんだ。「なきすな」と いって、ふむと、きゅっと おとが する すなも あるよ。

きほんのワーク

なつの　おもいでを　はなそう
かたかなの　ことば

きょうかしょ　上94～97ページ
こたえ　7ページ

べんきょうした日　月　日

もくひょう
●した　ことに　ついて　はなしたり　しつもんしたり　できるように　なろう。
●かたかなを　ただしく　よみかきしよう。

かん字《じ》れんしゅうノート15ページ

おわったら　シールを　はろう

1　はなして　いる　ことを　よんで、こたえましょう。

わたしは、おかあさんと　ひこうきに　のりました。おじいちゃんの　いえに　いきました。とても　たのしかったです。

●おじいちゃんの　いえで　した　ことを　たずねる　ときは、どう　きいたら　よいですか。
（ひとつに　○を　つけましょう。）

あ（　）おじいちゃんの　いえには、だれと　いきましたか。
い（　）おじいちゃんの　いえで、なにを　しましたか。
う（　）おじいちゃんの　いえは、どこに　ありますか。

2　えを　みて、□に　はいる　かたかなの　ことばを　なぞりましょう。

1

ぼくは、アイスを　たべました。

2

ぼくは、ヨットに　のりました。

3

わたしは、スカートを　かいました。

3 かたかな

えを みて、゛や ゜の つく ことばを、かたかなで かきましょう。

① 

どあ

□□

② 

ぱんだ

□□ダ

4 かたかな

えを みて、ちいさく かく ッや ャ、ョの つく ことばを、かたかなで かきましょう。

① 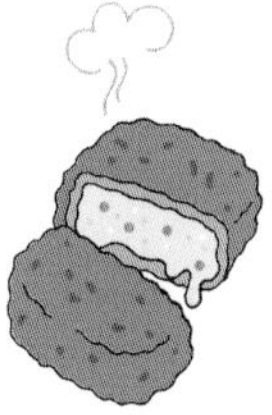

ころっけ

コ□□□

② 

じゃむ

ジ□□

③ 

ちょこれーと

チ□□□ー□

5 かたかな

えを みて、のばす おんが ある ことばを、かたかなで かきましょう。

① 

カ□ー

② 

ケ□□

③ 

チ□□

④ 

パ□□□

⑤ 

ス□□□

のばす おんには「ー」を つかうんだね。

ものしりメモ

かたかなは、かんじの いちぶぶんを とって つくられたんだよ。かんじの「三《さん》」からは「ミ《み》」、「天《てん》」からは「テ《て》」が できたんだ。

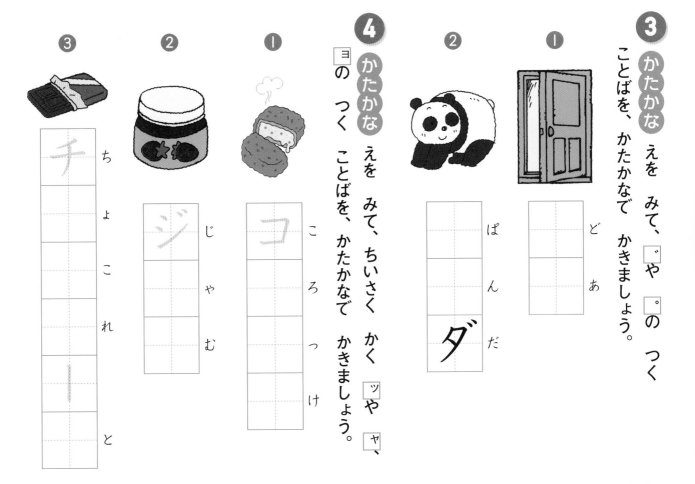

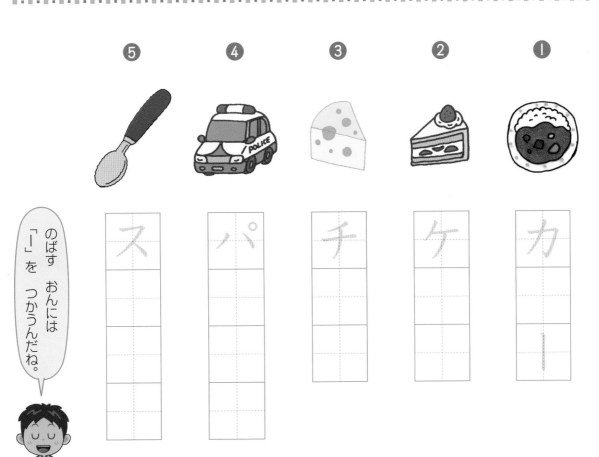

きほんのワーク

けんかした 山

きょうかしょ ㊤98～104ページ

こたえ 7ページ

べんきょうした日　月　日

もくひょう
ようすを おもいうかべながら、おはなしを よもう。

おわったら シールを はろう

あたらしい かんじ

◀れんしゅうしましょう。

きょうかしょ 98ページ

山	日	月
さん / やま	に・じつ / ひ・か	げつ・がつ / つき
98	98	99
3かく	4かく	4かく

火	木	一
か / ひ	き	いち
100	100	103
4かく	4かく	1かく

二	三
に	さん
103	103
2かく	3かく

かきじゅん 1 2 3 4 5

かん字《じ》れんしゅうノート16ページ

1 かんじの よみ

よみがなを かきましょう。

① たかい 山（　）。

② お日（　）さまと お月（　）さま。

③ 火（　）を ふく。

④ みどりの 木（　）。

○ あたらしく まなぶ かんじ

かきじゅんに ちゅういして、かんじを れんしゅうしよう。

⑤ （　　　）一ねんが たつ。

⑥ （　　　）三ねんの あいだ。

2 かんじの かき

かんじを かきましょう。

① □《やま》に のぼる。

② お□《つき》さま

③ □《き》を みあげる。

④ □《に》ねんが すぎる。

ないようを つかもう！

★ けんかした 山

おはなしの じゅんに なるように、1・2・3を かきましょう。

きょうかしょ 98～103ページ

3 かたかな

かたかなで かきましょう。

□《ぺ》ー□《じ》

4 ことばの いみ

―の いみに あう ほうに、○を つけましょう。

① 100ページ とうとう、火を ふきだした。

ア（　）しかたなく。

イ（　）ついに。

② 101 ことりたちが くちぐちに いった。

ア（　）みんな それぞれに。

イ（　）おおきく はっきりと。

③ 102 かおを みあわせる。

ア（　）おたがいを みる。

イ（　）つよく ぶつける。

ものしりメモ

ちきゅうの ふかい ところには、あつくて どろどろの マグマ《まぐま》と いう ものが あるんだ。その マグマが ふきだして できた 山を、火山と いうよ。

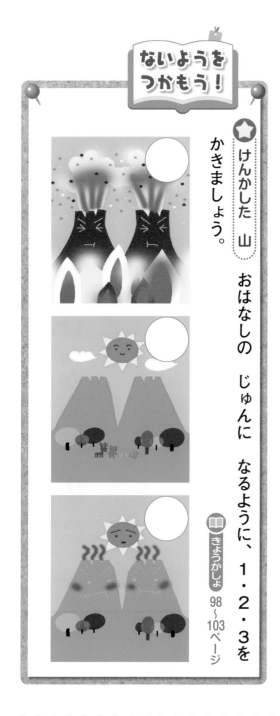

まとめのテスト

けんかした 山

きょうかしょ 上98～104ページ

こたえ 7ページ

じかん 20ぷん

とくてん　/100てん

おわったら シールを はろう

べんきょうした 日　月　日

❖ ぶんしょうを よんで、こたえましょう。

たかい 山が、
ならんで たって いました。
いつも
せいくらべを しては、
けんかばかり して
いました。
「けんかを やめろ。」
お日さまが いいました。
お月さまも いいました。
「おやめなさい。
そうで ないと、
もりの どうぶつたちは、
あんしんして
ねて いられないから。」

1 ふたつの 山は、いつも なにを して いましたか。 ひとつ10〔20てん〕

（　　　　）を しては、

（　　　　）ばかり して いた。

2 よくでる お月さまが、けんかを やめるように いったのは、なぜですか。 ひとつ10〔20てん〕

けんかを やめないと、

もりの（　　　　）が、

（　　　　）して

ねて いられないから。

ことばの いみ プラス

5ぎょう ばかり…だけ。　21ぎょう まけずに…あいてに　まけないように。

21ぎょう どっと…いきおい　よく。　23ぎょう あっというまに…みじかい　じかんに。

それでも、どちらの　山も
いう　ことを　ききません。

ある　日の　ことでした。
とうとう、りょうほうの　山が、
まけずに　どっと　火を　ふきだしました。
たくさんの　みどりの　木が、
あっというまに、火に　つつまれました。
ことりたちが、くちぐちに　いいました。
「お日さま。はやく　くもを　よんで、
あめを　ふらせて　ください。
わたしたちも　よびに　いきますから。」

お日さまは、くもを　よびました。
くろい　くもが、
わっさ　わっさと　あつまって、
どんどん　あめを　ふらせました。
火の　きえた　山は、
しょんぼりと　かおを　みあわせました。

〈あんどう　みきお「けんかした　山」に　よる〉

3　「ある　日」、どんな　ことが　おこりましたか。　ひとつ10〔20てん〕

（　　　　）が　火を　ふきだして、たくさんの　（　　　　）が、火に　つつまれた。

4　ことりたちは、お日さまに　どんな　ことを　おねがいしましたか。　ひとつ10〔20てん〕

（　　　　）を　よんで、（　　　　）を　ふらせる　こと。

チャレンジ！

5　火が　きえて、かおを　みあわせた　とき、山は、どんな　きもちでしたか。　〔20てん〕
（ひとつに　○を　つけましょう。）

ア（　）よろこんで　いた。
イ（　）おちこんで　いた。
ウ（　）おこって　いた。

ものしりメモ　およそ　いちまんねんまえから　いままでに　いちどでも　ふん火した　ことの　ある　火山を　「かつかざん」と　いうよ。にほんには　たくさんの　かつかざんが　あるんだ。

きほんのワーク

かん字の はじまり

きょうかしょ 上 105～107ページ

こたえ 8ページ

もくひょう
●ものの かたちや しるしから できた かん字を しろう。

べんきょうした 日　月　日

おわったら シールを はろう

かん字れんしゅうノート17ページ

あたらしい かん字

▼れんしゅうしましょう。

かきじゅん 1 2 3 4 5

きょうかしょ 105ページ

- 字（じ）　6かく
- 106 上（じょう／うえ・うわ・かみ／あげる・のぼる）　3かく
- 106 下（げ・か／した・しも／さげる・くだる・おろす）　3かく
- 107 人（じん・にん／ひと）　2かく
- 107 川（かわ）　3かく
- 107 子（し・す／こ）　3かく
- 107 口（こう・く／くち）　3かく
- 107 田（でん／た）　5かく

1 かん字の よみ

よみがなを かきましょう。

○あたらしく まなぶ かん字

1 °人（　　）が おおい。

2 °川（　　）で あそぶ。

3 おやと °子（　　）。

4 おおきな °田（　　）んぼ。

2 かん字の かき

かん字を かきましょう。

1 °□《うえ》と °□《した》。

2 °□《くち》を ひらく。

3 つぎの　かたちや　しるしから、どんな　かん字が　できましたか。[　]から　えらんで　かきましょう。

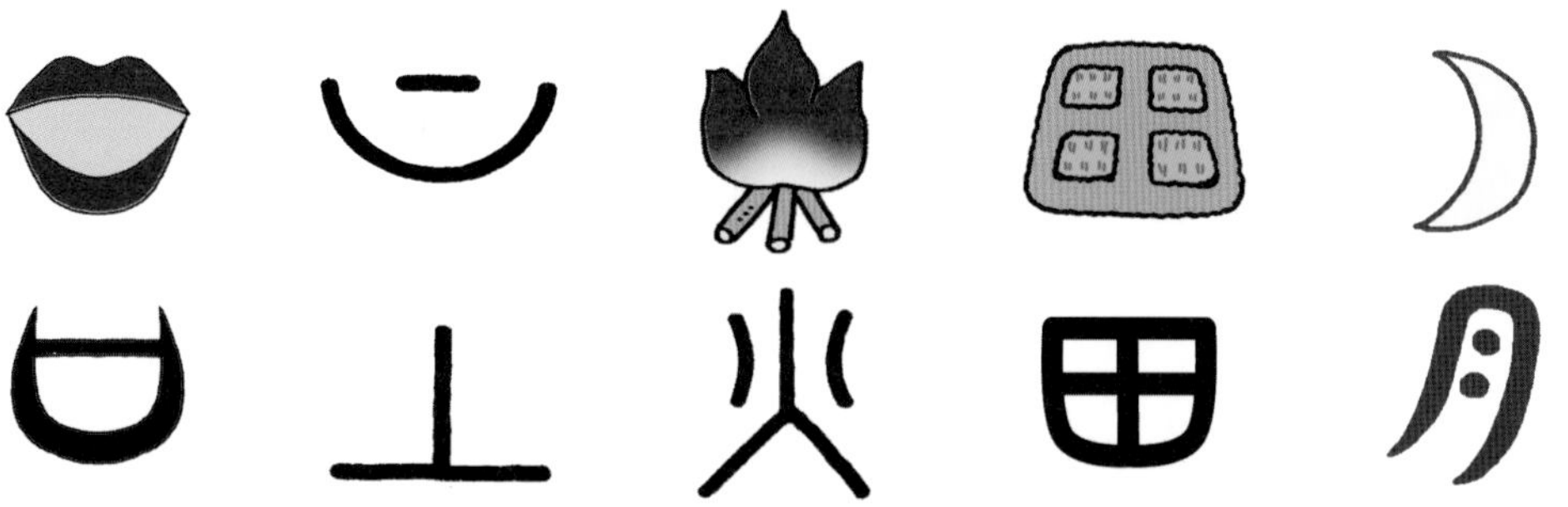

①　□

②　□

③　□

④　□

⑤　□

月	上	口	田	火

4 つぎの　かん字は、どんな　かたちから　できましたか。下から　えらんで　・――・で　むすびましょう。

① 木・　　② 日・　　③ 子・　　④ 山・

・ア　　・イ　　・ウ　　・エ

かん字が　なんの　かたちから
できたか　わかると、
かん字の　いみが　わかるね。

ものしりメモ　せかいには、ほかにも　かん字のように、ものの　かたちから　できた　もじが　あるよ。このような　もじを　「しょうけいもじ」と　いうんだ。

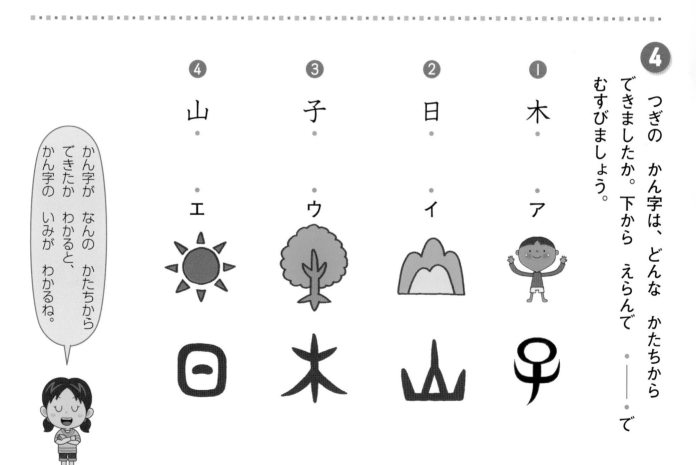

きほんのワーク

だれが、たべたのでしょう

きょうかしょ 上108～115ページ

こたえ 8ページ

べんきょうした日　月　日

もくひょう
●といかけと その こたえに ちゅうもくして よもう。
●かかれて いる ことを ただしく よみとろう。

おわったら シールを はろう

かん字れんしゅうノート17ページ

1 かん字の よみ　よみがなを かきましょう。

① 木のはが おちる。（　　）

●あたらしい よみかたを おぼえる かん字

2 かん字の かき　かん字を かきましょう。

① □《こ》のはを たべる。

ないようを つかもう！

★ だれが、たべたのでしょう

おはなしに でて きた どうぶつの たべた あと みっつに ○を つけましょう。　きょうかしょ 108～115ページ

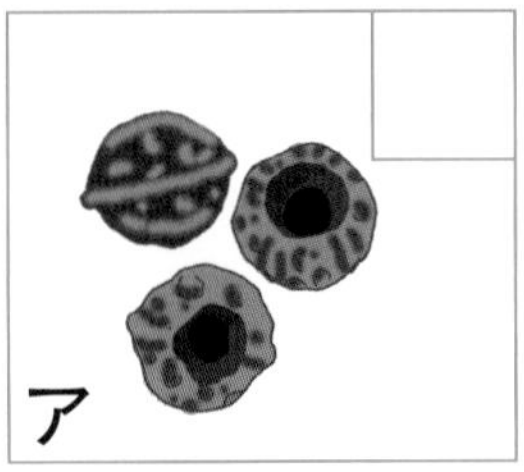
ア

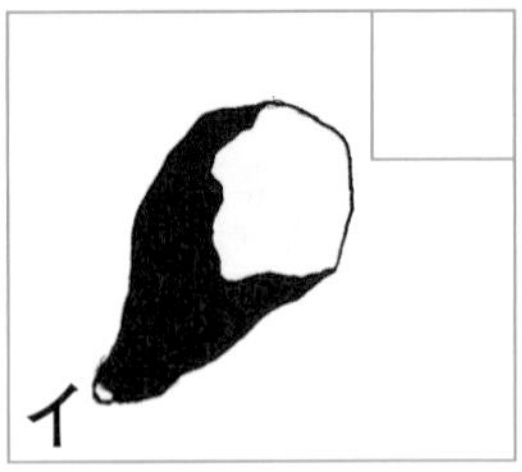
イ

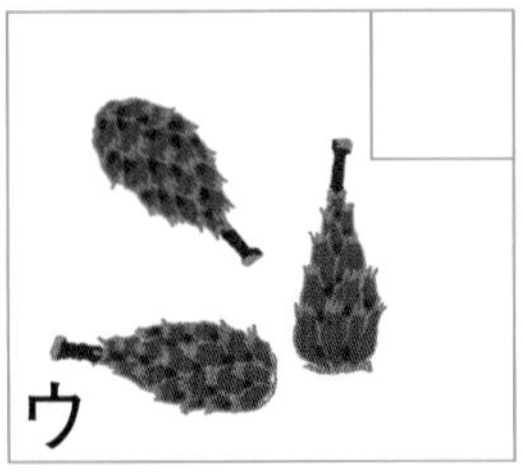
ウ

エ

3 ことばの いみ　——の いみに あう ほうに、○を つけましょう。

① 112ページ まつぼっくりの しん。
ア（　）まわりを つつむ かたい もの。
イ（　）なかに ある かたい もの。

② 113 木のはが ちぎれる。
ア（　）こまかく きれて はなれる。
イ（　）しずかに おちる。

③ 114 はっぱを かみきる。
ア（　）なんども よく かむ。
イ（　）かんで きりとる。

4 ぶんしょうを　よんで、こたえましょう。

くるみの　からが、
おちて　います。
あなの　あいた
ものも　あります。

だれが、くるみを
たべたのでしょう。

ねずみが、くるみを
たべたのです。
ねずみは、からに
あなを　あけて、
なかみを　たべます。

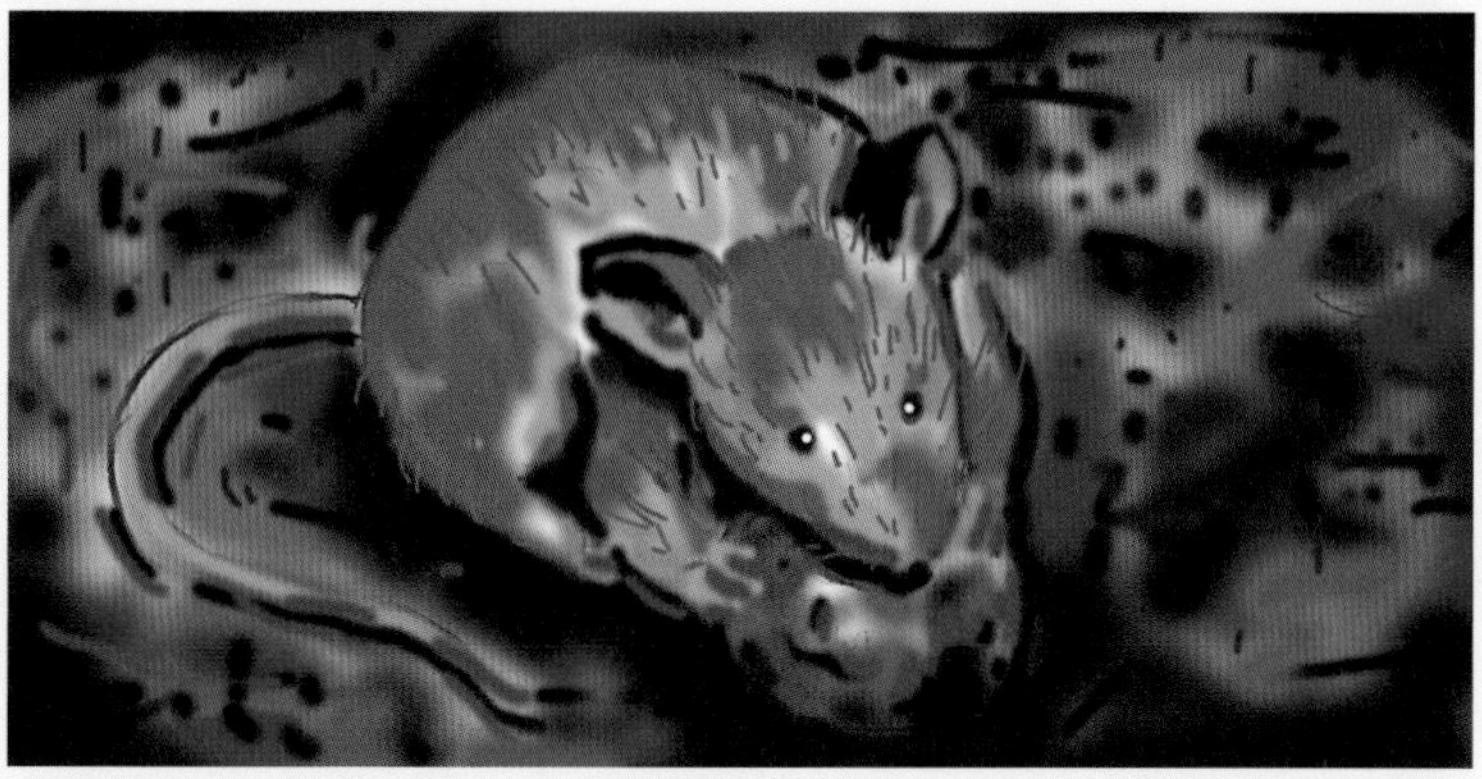

〈「だれが、たべたのでしょう」に　よる〉

1 なにが　おちて　いますか。

（　　　　）の　から。

2 しつもんを　して　いる　ぶんに、——を　ひきましょう。

しつもんする　いいかたを　さがそう。

3 よくでる● くるみを　たべたのは、だれですか。

（　　　　）

4 どのように　して　くるみを　たべますか。
（ひとつに　○を　つけましょう。）

ア（　）からを　ふたつに　わる。
イ（　）からを　てで　むく。
ウ（　）からに　あなを　あける。

「たべます」と　いう　ことばに　ちゅうもくしよう。

5 くるみの　どこを　たべますか。

（　　　　）

ものしりメモ
「くるみわりにんぎょう」と　いう、口に　くるみを　かませて　わる　ことが　できる　にんぎょうが　あるよ。ドイツと　いう　くにで　つくられて　いるんだ。

まとめのテスト

だれが、たべたのでしょう

きょうかしょ 上108～115ページ
こたえ 8ページ

べんきょうした日 月 日

じかん 20ぷん

とくてん /100てん

おわったら シールを はろう

ぶんしょうを よんで、こたえましょう。

まつぼっくりが、おちて います。まわりだけが、かじられた ものも あります。

だれが、まつぼっくりを たべたのでしょう。

りすが、まつぼっくりを たべたのです。りすは、まつぼっくりの まわりだけを たべて、しんを のこします。

ちぎれた 木のはが、おちて います。はの まんなかだけが、かじられた ものも あります。

だれが、木のはを たべたのでしょう。

むささびが、木のはを たべたのです。むささびは、木のはを かみきって たべます。

1 まつぼっくりを たべたのは、だれですか。（ひとつに ○を つけましょう。）〔20てん〕

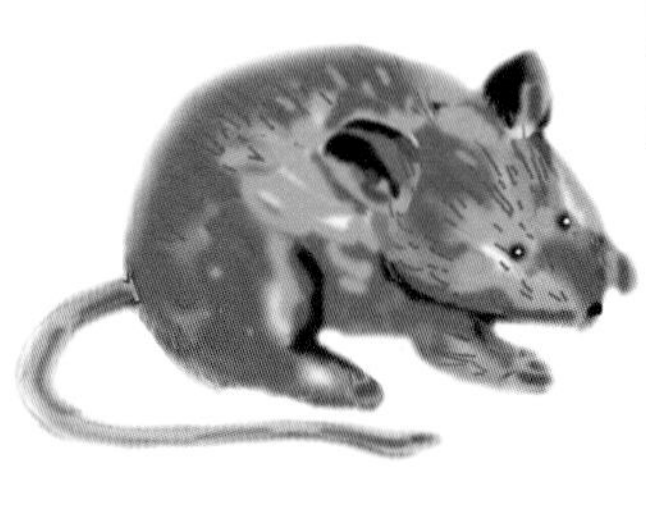
ねずみ

りす

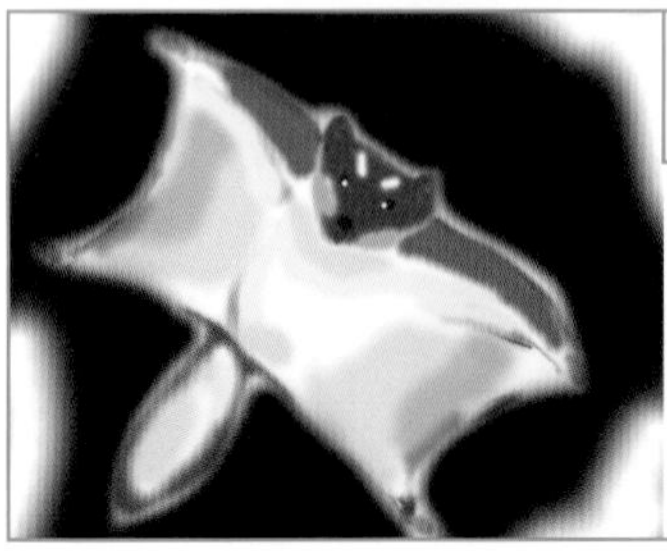
むささび

2 まつぼっくりの どこを たべますか。〔10てん〕

ア（ ）しん
イ（ ）まわり
ウ（ ）から

3 どんな 木のはが、おちて いますか。ひとつ10〔20てん〕

ことばのいみ プラス　2ぎょう かじる…かたい ものを はで、かむ。

山や　もりでは、いろいろな　どうぶつの
たべた　あとが　みつかります。

〈「だれが、たべたのでしょう」に　よる〉

●（　　　　）木のは。

● はの（　　　　）だけが、
かじられた　木のは。

4 よくでる！ 木のはを　たべたのは、だれですか。〔20てん〕

（　　　　）

5 チャレンジ！ 木のはを　どのように　たべますか。〔10てん〕

木のはを（　　　　）たべる。

6 山や　もりでは、なにが　みつかりますか。ひとつ10〔20てん〕

いろいろな（　　　　）の
（　　　　）あと。

ものしりメモ　むささびは、まえあしと　うしろあしの　あいだに　ついて　いる　おおきな　まくを　ひろげて、木から　木まで　とびうつる　ことが　できるんだ。

きほんのワーク

たのしかった ことを かこう

きょうかしょ　㊤116〜119ページ

こたえ　9ページ

べんきょうした日　月　日

もくひょう
●おもいだした ことを じゅんばんに ぶんしょうに かこう。

かん字れんしゅうノート17ページ

おわったら シールを はろう

1 かん字の よみ　よみがなを かきましょう。

●あたらしい よみかたを おぼえる かん字

1 （　　　）
一つ えらぶ。

2 ぶんしょうを よんで、こたえましょう。

けんだま

おがわ はんな

やすみの日に、おばあちゃんのいえで、けんだまをしました。おとさずに、なんかいもつづけました。おばあちゃんが、

とってもじょうず。

といってくれたので、

うれしかったです。

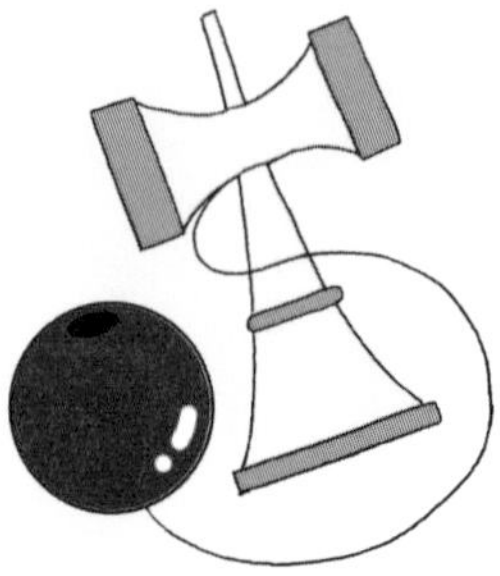

1 おがわさんは、いつの できごとを かいて いますか。

（　　　　　　　　）

2 おがわさんは、おばあちゃんの いえで、なにを したのですか。

（　　　　　　　　）

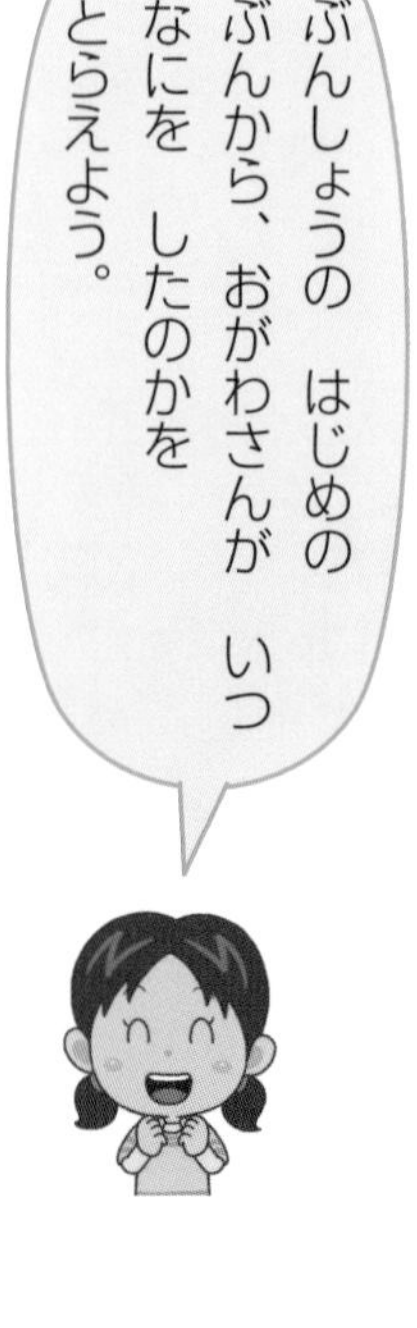
ぶんしょうの はじめの ぶんから、おがわさんが いつ なにを したのかを とらえよう。

3 「おとさずに、なんかいもつづけました。」は、どんな ことを かいて いますか。
（一つに ○を つけましょう。）

ア（　）みた こと。
イ（　）した こと。
ウ（　）きいた こと。

4 「おとさずに、なんかいもつづけました。」を かきうつしましょう。

お

「、」や 「。」も 一ますに 一つずつ いれて かくよ。ますの みぎうえに かこう。

5 「とってもじょうず。」は、おばあちゃんが いった ことばです。「　」を つけて かきなおしましょう。

。

6 「とってもじょうず。」と おばあちゃんが いって くれて、おがわさんは どのように おもったと かいて いますか。

（　　　　　　　）です。

7 おがわさんが かいて いる じゅんに、2・3・4を かきましょう。

（1）やすみの 日に おばあちゃんの いえで けんだまを した こと。
（　）おばあちゃんが いった こと。
（　）けんだまを なんかいも つづけた こと。
（　）おもった こと。

ものしりメモ
けんだまは、とがった ぶぶんや おさらが ついた 「けん」と、まるくて あなの あいた 「たま」と いう ぶぶんから できて いるよ。

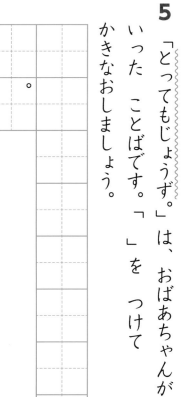

きほんのワーク かぞえよう

きょうかしょ 上 120～123ページ

こたえ 9ページ

べんきょうした日 月 日

もくひょう
- かずを あらわす かん字の よみかたを おぼえよう。
- かずを かぞえる ことばを しろう。

おわったら シールを はろう

かん字れんしゅうノート18～19ページ

あたらしい かん字

◀れんしゅうしましょう。

きょうかしょ 122ページ

かきじゅん 1 2 3 4 5

かん字	よみ	かきじゅん	かく数	ページ
四	し / よ・よっつ・よん	1 2 3 4 5	5かく	122
五	ご / いつ・いつつ	1 2 3 4	4かく	122
六	ろく / む・むっつ・むい	1 2 3 4	4かく	123
七	しち / なな・ななつ・なの	1 2	2かく	123
八	はち / や・やっつ・よう	1 2	2かく	123
九	きゅう・く / ここの・ここのつ	1 2	2かく	123
十	じゅう・じっ（じゅっ） / とお・と	1 2	2かく	123

1 かん字の よみ

よみがなを かきましょう。

○あたらしく まなぶ かん字

① （　　）○五つ えらぶ。

② りんごが（　　）○六つ。

③ （　　）○七つ あつめる。

④ （　　）○九つ たべる。

2 かん字の かき

かん字を かきましょう。

① ○□《やっ》つの みかん。

② ○□《じゅう》人 いる。

3 えを　みて、□に　かずを　あらわす　かん字を　かきましょう。

れい　二　まい

① □ はい

② □ こ

③ □ ひき

④ □ そく

4 えを　みて、れいと　おなじように　かずの　かぞえかたを　かきましょう。

れい　四（よん）ほん

かずの かん字

かん字の よみかた

かぞえかたの ことば

① □（　）○○

② □（　）○○

③ □（　）○○

④ □（　）○

ものしりメモ　どうぶつの　うち、おおきい　ものは、一とう、二とう……、ちいさい　ものは、一ぴき、二ひき……と　かぞえるよ。

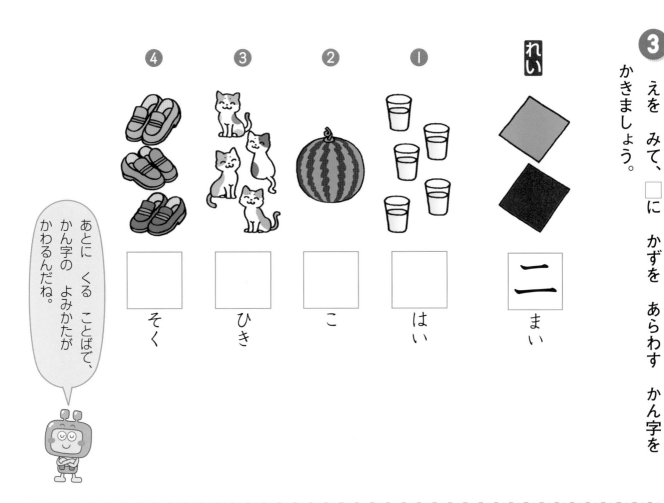

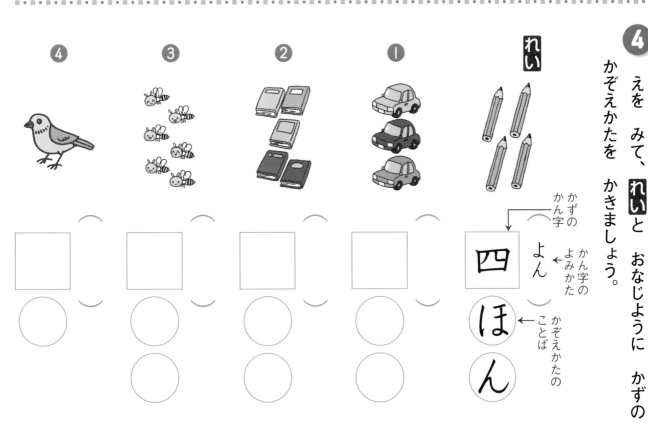

きょうかしょ 下6～10ページ

こたえ 9ページ

きほんのワーク

あめの うた
しらせたいな、いきものの ひみつ

もくひょう
- しを よんで、ようすを そうぞうしよう。
- メモを もとに、つたえたい ことを ぶんしょうに かこう。

おわったら シールを はろう

かん字れんしゅうノート20ページ

あたらしい かん字

▼れんしゅうしましょう。

きょうかしょ 8ページ

見 けん みる
見 冂 月 月 目 貝 見
7かく

9
文 ぶん もん
文 亠 ナ 文
4かく

9
白 はく しろ しら しろい
白 白 白 白 白
5かく

かきじゅん 1 2 3 4 5

1 かん字の よみ　よみがなを かきましょう。

○ あたらしく まなぶ かん字

① むしを ○見る。（　　　る）

② ○文を かく。（　　　）

③ ○白い うさぎ。（　　　い）

2 かん字の かき　かん字を かきましょう。

① みじかい ○□《ぶん》。

② ○□《しろ》い くも。

3 あめの うた

「あめの うた」を よんで、こたえましょう。　きょうかしょ 6～7ページ

1 あめは どのように うたって いますか。

きっと だれかと（　　　）に うたって いる。

2 つぎの うたでは、あめは どんな おとが しますか。

やねの うた（　　　）

つちの うた（　　　）

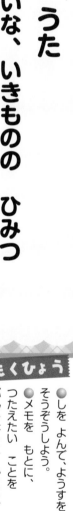

☆しらせたいな、いきものの　ひみつ

4　【メモ】と、【メモ】を　もとに　かいた【ぶんしょう】を　よんで、こたえましょう。

【メモ】

○あかい。

○ちいさい。

○ひらひら　ゆれる。

♡およいで　いる　ときは、おしりを　ふって　いる　ように　見えて、かわいい。

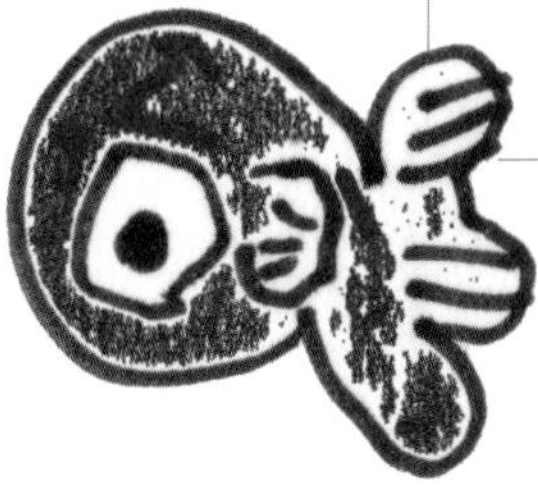

【ぶんしょう】

がっこうできんぎょをかっています。

からだは、ちいさくてあかいです。

ひれのぶぶんは、□ゆれます。

およいでいるときは、おしりをふっているように見えて、かわいいです。

みなさんも、ぜひ見てみてください。

1　なにに　ついて、メモと　ぶんしょうを　かいて　いますか。

（　　　）で　かって　いる（　　　）。

2　からだは　どんな　いろですか。

（　　　）

3　メモの　なかから、ぶんしょうの□に　はいる　ことばを　かきましょう。

（　　　）

4　およいで　いる　ようすを　見て　おもった　ことを、どのように　かいて　いますか。

おもった　ことを　あらわす　ことばを　さがそう。

（　　　）を　ふって　いるように　見えて、（　　　）です。

ものしりメモ　きんぎょは　むかしから　せかいじゅうで　かわれて　いたんだ。たいせつに　そだてると　十ねんいじょうも　ながいきすると　いわれて　いるよ。

きほんのワーク

はたらく じどう車
「のりものカード」で しらせよう

きょうかしょ ㊦12～23ページ

こたえ 10ページ

べんきょうした日 月 日

もくひょう
●じどう車に ついて かかれて いる ことを よみとろう。

おわったら シールを はろう

かん字れんしゅうノート20～21ページ

あたらしい かん字

◀れんしゅうしましょう。

きょうかしょ 12ページ

ページ	かん字	よみ	かきじゅん	かく数
12	車	しゃ / くるま	一 丆 百 百 亘 車	7かく
13	手	しゅ / て	一 二 三 手	4かく
14	大	だい たい / おお おおきい おおいに	一 ナ 大	3かく
15	土	ど と / つち	一 十 土	3かく
16	水	すい / みず	亅 才 水 水	4かく
21	名	めい みょう / な	ノ ク タ タ 名 名	6かく
23	出	しゅつ / でる だす	丨 十 屮 出 出	5かく

かきじゅん 1 2 3 4 5

「大きい」の よみがなを、「おうきい」と しないように しよう。ただしくは 「おおきい」だよ。

1 かん字の よみ　よみがなを かきましょう。

① あたらしい じどう車。（　　）

② 大きな 木。（　　）きな

③ 土を けずる。（　　）

④ 水を すい上げる。（　　）

○あたらしく まなぶ かん字

3 かたかな　かたかなで かきましょう。

① み き さ ー

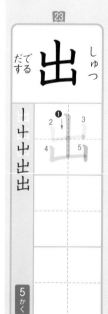

⑤ 名前《まえ》を かく。（　　）

⑥ こえに 出す。（　　す）

2 かん字の かき

かん字を かきましょう。

① じどう□《しゃ》に のる。

② □《て》すりに つかまる。

③ □《つち》に □《みず》を まく。

④ □《な》前を よぶ。

ないようを つかもう！

☆ はたらく じどう車

この 文しょうに 出て くる じどう車は、どれですか。ぜんぶに ○を つけましょう。

きょうかしょ 12〜16ページ

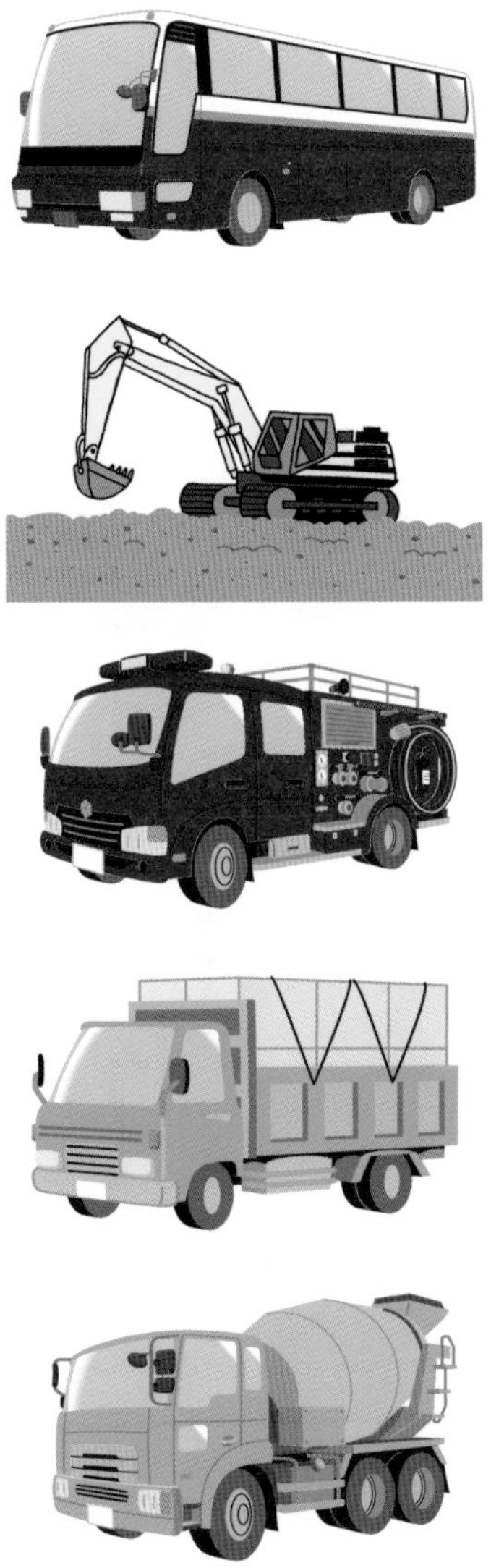

ア（　） イ（　） ウ（　） エ（　） オ（　）

② □《ぽ》□《ん》□《ぷ》

③ □《と》□《ら》□《っ》□《く》

④ □《た》□《い》□《や》

4 ことばの いみ

——の いみに あう ほうに、○を つけましょう。

① 13ページ ですから、こう なります。

ア（　）それとは ちがって。

イ（　）そう いう わけで。

② 13 あんぜんに はしる。

ア（　）きけんが ない こと。

イ（　）きけんが ある こと。

③ 15 じょうぶな いす。

ア（　）こわれやすい ようす。

イ（　）こわれにくい ようす。

ものしりメモ

「ノンステップバス」と いう、出いり口の だんを ひくく した、かいだんの ない バスが あるよ。おとしよりや 車いすの 人も のりやすいように なって いるんだ。

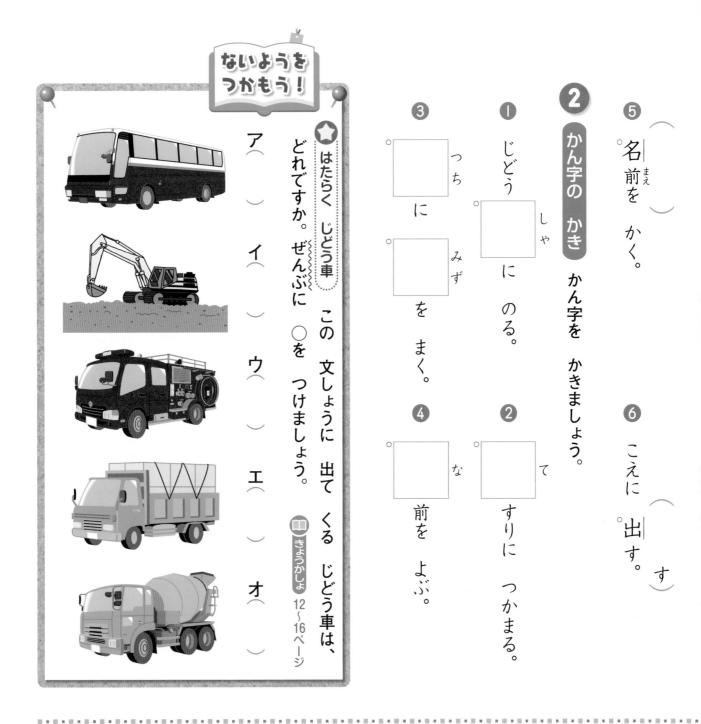

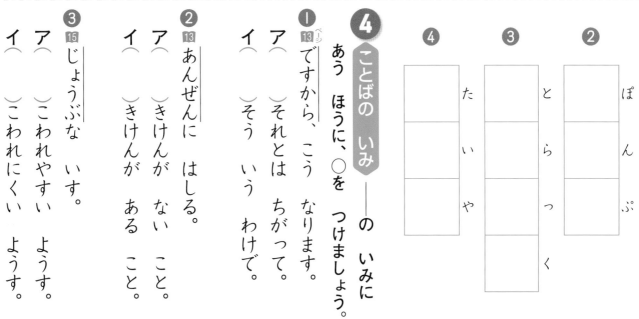

れんしゅうのワーク

はたらく じどう車

「のりものカード」で しらせよう

きょうかしょ ㊦12～23ページ

こたえ 10ページ

わかるナビ

●じどう車の やくわりと つくりを よみとろう。

べんきょうした日 月 日

おわったら シールを はろう

1 ぶんしょうを よんで、こたえましょう。

バスは、おおぜいの
おきゃくを のせて
はこぶ じどう車です。
ですから、たくさんの
ざせきが あります。
つりかわや 手すりも
ついて います。
バスは、おおぜいの
おきゃくを のせて、
きまった みちを
あんぜんに はしります。

〈「はたらく じどう車」に よる〉

1 よく出る● バスの やくわりは、なんですか。

おおぜいの（　　　）を のせて（　　　）こと。

2 バスには、たくさんの ざせきの ほかに、どんな ものが ついて いますか。（二つに ○を つけましょう。）

ア（　）つりかわ　イ（　）はしご

ウ（　）手すり　エ（　）ホース

3 バスは、きまった みちを どのように はしりますか。

（　　　）に はしる。

「きまった みちを」と いう ことばに ちゅうもくしよう。

ことばの いみ プラス

58ページ1ぎょう おおぜい…たくさんの 人。 5ぎょう ざせき…すわる ための せき。 6ぎょう つりかわ…たって いる おきゃくが つかまる ための、ひもの ついた わ。

2 たかぎさんの【メモ】と、【メモ】を もとに かいた【のりものカード】を よんで、こたえましょう。

【メモ】

のりものの 名前《まえ》	はしご車
やくわり	たかいところで火をけしたり、人をたすけたりする。
つくり	ながくのびるはしご 人がのれるかご
できる こと	たかいところで、にげおくれた人をたすける。

【のりものカード】

はしご車

たかぎ　はると

はしご車は、たかいところで火をけしたり、人をたすけたりするじどう車です。

□、ながくのびるはしごと、人がのれるかごがついています。

はしご車は、たかいところでにげおくれた人をたすけることができます。

---

1 たかぎさんは、なんと いう のりものに ついて かいて いますか。

（　　　　）

2 はしご車には、どんな やくわりが ありますか。

たかい ところで 火を（　　　　）、人を（　　　　）する。

3 □には、どんな ことばが はいりますか。（一つに ○を つけましょう。）

ア（　）ところが
イ（　）ですから
ウ（　）それとも

まえの 文と あとの 文を よく よんで、どの ことばが はいるかを かんがえよう。

4 たかぎさんは、どんな じゅんばんで かいて いますか。（　）に 1・2・3を かきましょう。

（　）つくり
（　）できる こと
（　）やくわり

ものしりメモ　にほんには、むかし、「オート《おーと》さんりん」と いって、タイヤが まえに 一つ、うしろに 二つ、ごうけい 三つ ついた トラックが あったよ。

きほんのワーク

なにを して いるのかな？
かん字の ひろば① 日づけと よう日

きょうかしょ 下24〜30ページ
こたえ 11ページ

べんきょうした日 月 日

もくひょう
●えを 見て、ようすを つたえる ことが できるように なろう。
●日づけと よう日の かん字を まなぼう。

おわったら シールを はろう

かん字れんしゅうノート21〜22ページ

あたらしい かん字

◀れんしゅうしましょう。

かきじゅん 1 2 3 4 5

かん字	よみ	きょうかしょ	かく数	かきじゅん
早	そう／はやい・はやまる	26ページ	6かく	早 早 早 早 早 早
金	きん・こん／かね・かな	28	8かく	金 金 金 金 金 金 金 金
正	せい・しょう／ただしい・ただす・まさ	30	5かく	正 正 正 正 正
花	か／はな	30	7かく	花 花 花 花 花 花 花
虫	ちゅう／むし	30	6かく	虫 虫 虫 虫 虫 虫

1 かん字の よみ　よみがなを かきましょう。

○あたらしく まなぶ かん字
●あたらしい よみかたを おぼえる かん字
◆とくべつな よみかたの ことば

1. ○早く おきる。（　　く）
2. 一月◆一日。（　　）（　　）
3. 三月◆二日。（　　）（　　）
4. 六月◆二十日。（　　）（　　）
5. ○虫が とぶ。（　　）
6. ●金づちで たたく。（　　）

2 かん字の かき　かん字を かきましょう。

1. ○□《きん》よう日
2. お○□□《しょうがつ》
3. お○□□《はなみ》
4. ちいさな ○□《むし》。

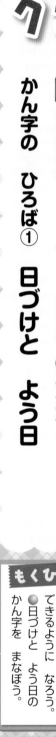

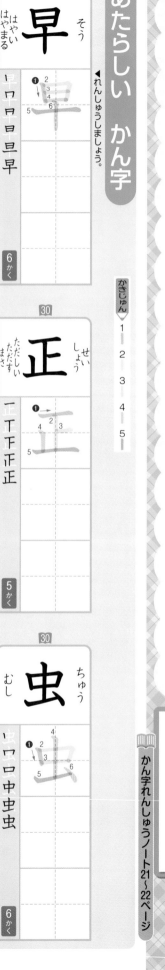

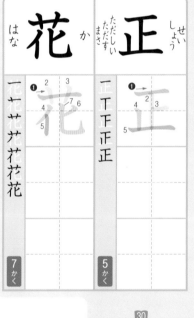

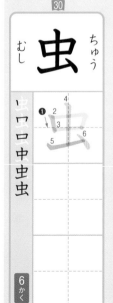

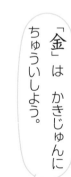

3 かたかな えに あう ことばを、かたかなで かきましょう。

ば な な

4 えを 見て、日づけを かきましょう。

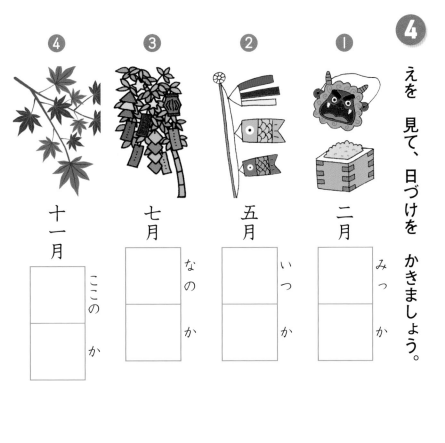

①

二月 みっか

②

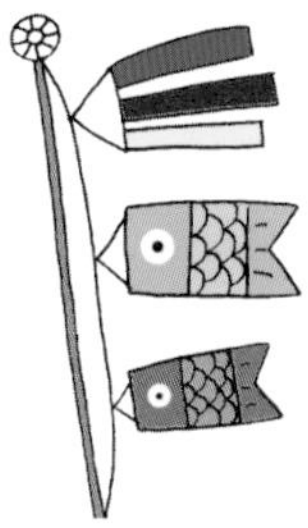

五月 いつか

③

七月 なのか

④

十一月 ここのか

5 えを 見て こたえましょう。

① リボンを つけた ねこは、なにを して いますか。（一つに ○を つけましょう。）

ア（　）りんごの かわを むいて いる。
イ（　）おにぎりを たべて いる。
ウ（　）サンドイッチを たべて いる。

② しまもようの ふくを きた ねこが はなして いる ことと して、いちばん あう ことばは どれですか。（一つに ○を つけましょう。）

ア（　）「わあ。おいしそう。早く たべたいな。」
イ（　）「スープ、おいしかった。ごちそうさま。」
ウ（　）「ぶどうが おいしいよ。たべて みてね。」

ものしりメモ ねこの なかまには、ライオン《らいおん》や とらなどが いるよ。いま にんげんと くらして いる ねこも、ずっと むかしは しぜんの なかで くらして いたんだ。

まとめのテスト

はたらく じどう車
かん字の ひろば① 日づけと よう日

きょうかしょ 下12～30ページ
こたえ 11ページ
じかん 20ぷん
とくてん /100てん
おわったら シールを はろう
べんきょうした日 月 日

1 ぶんしょうを よんで、こたえましょう。

ショベルカーは、じめんを ほったり、けずったり する じどう車です。ですから、ながい うでと じょうぶな バケットを もって います。

ショベルカーは、こうじの ときに、うでと バケットを うごかして、土を けずり、べつの ばしょに はこびます。

ポンプ車は、水を つかって かじの 火を けす じどう車です。ですから、水を すい上げたり、まいたり する ホースを つんで います。

3 ショベルカーは、どんな ことが できますか。 一つ5〔15てん〕

（　　　）の ときに、うでと バケットを うごかして、（　　　）を けずり、（　　　）に はこぶ こと。

4 ポンプ車に ついて まとめました。（　）に あう ことばを かきましょう。 一つ5〔15てん〕

やくわり	水を つかって（　　　）。
つくり	水を（　　　）たり、まいたり する（　　　）を つんで いる。

ことばの いみ プラス
4ぎょう バケット…土などを いれて はこぶ いれもの。 12ぎょう ポンプ…水などを おくる ための しくみ。 17ぎょう しょうかせん…火を けす ための 水を とる ところ。

ポンプ車は、いけや
しょうかせんから
すい上げた　水を、ホースで
まいて、火を　けします。

〈「はたらく　じどう車」に　よる〉

1　ショベルカーには、どんな　やくわりが　ありますか。〔10てん〕

じめんを（　　　　　　）する　やくわり。

2　よく出る●　ショベルカーは、どんな　つくりに　なって　いますか。（一つに　○を　つけましょう。）〔10てん〕

ア（　）ほそい　うでと　ちいさい　バケットを　もって　いる。
イ（　）ながい　うでと　じょうぶな　バケットを　もって　いる。
ウ（　）みじかい　うでと　かたい　バケットを　もって　いる。

チャレンジ！

5　ポンプ車は、どんな　ことが　できますか。一つ10〔20てん〕

いけや　しょうかせんから　すい上げた（　　　　　　）を、ホースで　まいて、火を（　　　　　　）こと。

2　つぎの　かん字を　かきましょう。一つ5〔30てん〕

① □《にち》よう日
② □《げつ》よう日
③ □《か》よう日
④ □《すい》よう日
⑤ □《もく》よう日
⑥ □《ど》よう日

ものしりメモ　はたらく　じどう車には、ほかにも　いろいろ　あるよ。たとえば　きゅうきゅう車は、けがを　した　人や、きゅうな　びょうきの　人を　たすけるんだ。

二　だれが　なにを　したかを　たしかめよう

きほんのワーク

うみへの　ながい　たび

きょうかしょ　㊦32～49ページ

こたえ　12ページ

べんきょうした日　月　日

もくひょう
●白くまの　親子《おやこ》の　ながい　たびの　ようすを　よみとろう。

おわったら　シールを　はろう

あたらしい　かん字

◀れんしゅうしましょう。

きょうかしょ 33ページ

漢字	よみ	きょうかしょ	かく数
青	せい　あお　あおい	33	8かく
空	くう　あく　そら　から	33	8かく
目	もく　め	33	5かく
百	ひゃく	34	6かく
耳	みみ	37	6かく
音	おん　おと　ね	37	9かく
立	りつ　たつ	40	5かく
年	ねん　とし	44	6かく
千	せん　ち	45	3かく
力	りょく　りき　ちから	48	2かく

かきじゅん　1　2　3　4　5

かん字れんしゅうノート23ページ

1 かん字の　よみ　よみがなを　かきましょう。

1　○青い　○空。

2　○目を　見ひらく。

○あたらしく　まなぶ　かん字

「百」は　「白」との　かたちの　ちがいに　ちゅういしよう。

3 かたかな　かたかなで　かきましょう。

③ 百日が たつ。（　　）

④ 耳で 音を きく。（　　）（　　）

⑤ 立ちふさがる。（　　ち）

⑥ 力いっぱい なげる。（　　）

② かん字の かき

かん字を かきましょう。

① □《あお》い 花。

② □《そら》を 見上げる。

③ ぞうの □《みみ》。

④ □《おと》を ならす。

⑤ 五 □《ねん》が たつ。

⑥ □《せん》わの とり。

ないようを つかもう！

☆ うみへの ながい たび

おはなしの じゅんに 1・2・3を かきましょう。

きょうかしょ 32〜45ページ

① □□□□《うくれれ》

② □□□□《えぷろん》

④ ことばの いみ

――の いみに あう ほうに、○を つけましょう。

① 34ページ どっさり ある。
ア（　）すこしだけ。
イ（　）たくさん。

② 37 耳を すます。
ア（　）よく きこうと する。
イ（　）きこえない ふりを する。

③ 40 ふいに あらわれる。
ア（　）ゆっくりと。
イ（　）きゅうに。

④ 42 目を みはる。
ア（　）おどろいて 目を 大きく あける。
イ（　）こわくて 目を ぎゅっと つぶる。

ものしりメモ 白くまは、ほっきょく ちかくの こおりの 上で くらして いるんだ。白くて あつい けには、さむさから からだを まもる やくわりが あるよ。

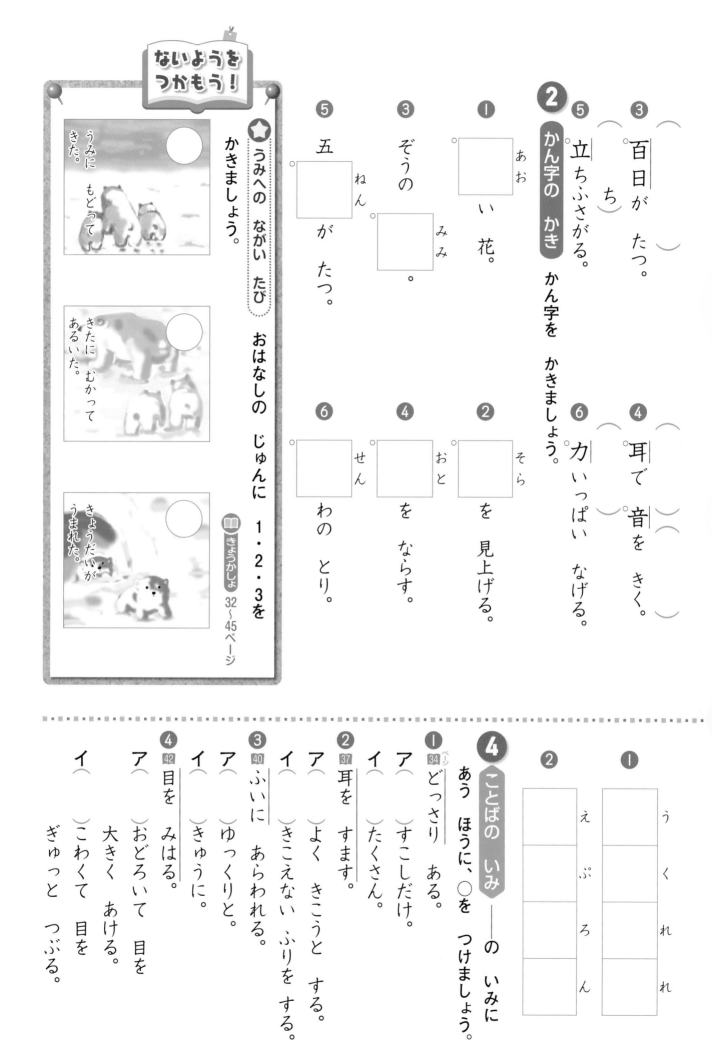

二 だれが なにを したかを たしかめよう

れんしゅうのワーク

うみへの ながい たび

きょうかしょ ㊦32～49ページ
こたえ 12ページ

べんきょうした日 月 日

わかるナビ
かあさんぐまの ようすと かんがえを よみとろう。

おわったら シールを はろう

ぶんしょうを よんで、こたえましょう。

ふたりとも、うまれた ときは りすくらいの大きさだった。それが、かあさんの ミルクを毎日《まい》 たっぷりのんだから、ぐんぐんそだち、いまじゃ これこのとおり。

（ふたりが うまれてから、もう 百日は たつね。そろそろ出かけないと……。）

と、かあさんぐまはかんがえて いる。

おいしい あざらしがどっさり いる うみにむかって 出かけるのだ。

2 よく出る かあさんぐまは、どこに 出かけようと かんがえて いますか。

きたの ほうに ある ［　　］。

3 かあさんぐまは、なにを する ために、うみへ 出かけようと して いるのですか。
（一つに ○を つけましょう。）

「おいしい」と いう ことばに ちゅうもくしよう。どんな ときに つかう ことばかな。

ア（　）あざらしと あそぶ ため。
イ（　）あざらしを とって たべる ため。
ウ（　）あざらしと けんかする ため。

4 かあさんぐまは、ここに やって きて、なにを しましたか。した ことの じゅんに、1・2・3を かきましょう。

（　）ふたりの 子ぐまを そだてた。
（　）ふかい あなを ほった。
（　）ふたりの 子ぐまを うんだ。

ことばの いみ プラス
8ぎょう たつ…じかんが すぎる。 9ぎょう そろそろ…もうすぐ。 24ぎょう うずくまる…からだを まるく して しゃがむ。 28ぎょう かすかな…ほんの すこしの。

それは、きたに　むかう　ながい　たびに　なる。
（うみは　どっちだったかしら。）
百日ちかくも　あるいて　ここに　やって　きて、ふかい　あなを　ほった。ふたりを　うんだ。ふたりを　そだてた。水しか　のめなかった　かあさんぐまは、そろそろ　うみへ　もどらないと、からだが　もたなく　なる。
ゆきの　上に　うずくまり、かあさんぐまは　じっと　耳を　すまし、目を　とじる。
うみからの　かぜの　音でも　ききとろうと　して　いるように。
うみからの　かすかな　かおりでも　かぎとろうと　して　いるように。

〈いまえ よしとも「うみへの　ながい　たび」に　よる〉

1　「いまじゃ　これ　このとおり。」から、どんな　ことが　わかりますか。（一つに　○を　つけましょう。）

ア（　）ふたりが　りすくらいの　大きさで　ある　こと。
イ（　）ふたりが　ミルクが　大すきな　こと。
ウ（　）ふたりが　大きく　なった　こと。

5　ゆきの　上に　うずくまった　かあさんぐまは、どうしましたか。

じっと　耳を（　　　　）、（　　　　）を　とじた。

6　うずくまった　かあさんぐまの　ようすは、どのように　見えましたか。

●うみからの（　　　　）の　音でも（　　　　）と　して　いるように。
●うみからの　かすかな（　　　　）でも（　　　　）と　して　いるように。

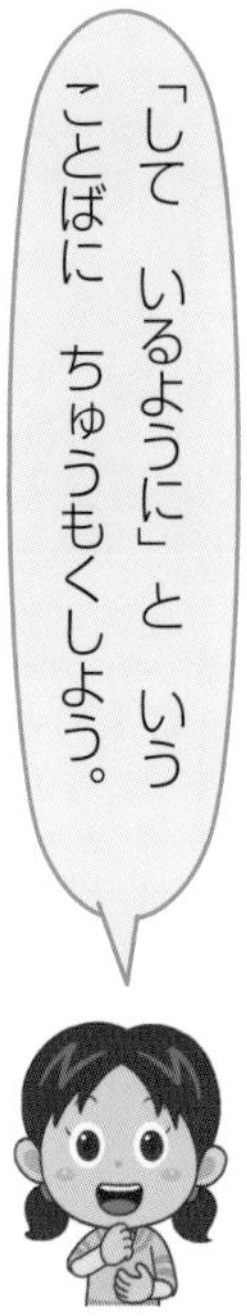
「して　いるように」と　いう　ことばに　ちゅうもくしよう。

ものしりメモ　あざらしは　ほっきょくや　なんきょくに　すんで　いる　どうぶつだよ。にほんでも、ほっかいどうで　見る　ことが　できるんだ。

まとめのテスト うみへの ながい たび

きょうかしょ ㊦32〜49ページ
こたえ 12ページ
じかん 20ぷん
とくてん /100てん
おわったら シールを はろう
べんきょうした日 月 日

✿ ぶんしょうを よんで、こたえましょう。

かあさんぐまの おもいは、まちがって いなかった。なつかしい なみの 音。しおかぜの におい。

うみだ。うみに もどって きたのだ。

「ここが うみだよ。おまえたちが これから くらす ところ。しっかり およぎを おぼえるんだ。それから、えさとりもね。」

きょうだいは、うまれて はじめて 見る うみの ひろさに 目を みはった。それから、そろって 大きく うなずいた。

「うん。」

それから、二年半《はん》ばかりが すぎる。

きょうだいは、青い 大きな うみを あいてに、すくすく そだった。

1 かあさんぐまは、うみに もどって きた ことを、なにから かんじたのですか。 一つ10〔20てん〕

●なつかしい（　　　　）。

●しおかぜの（　　　　）。

2 かあさんぐまは、子ぐまたちに、うみを どんな ところだと いいましたか。 〔10てん〕

子ぐまたちが これから（　　　　）ところ。

3 よく出る● かあさんぐまは、なにと なにを おぼえるように いいましたか。 一つ10〔20てん〕

（　　　　）と（　　　　）。

ことばのいみプラス
3ぎょう しおかぜ…うみから ふいて くる かぜ。 18ぎょう 一人前…おとなと おなじようで ある こと。

えさとりも　うまく　なり、おいしい
あざらしも　たっぷり　とって、もう
一人前《まえ》だ。
よく　ねむり、おきると　ふたりで
ふざけあい、うみへ　はいって　しっかり
およぎ、よく　たべては　日なたぼっこも
ゆっくりと。

このように　して、何百《なん》　何千もの
白くまの　親《おや》子が、きたの　うみで、きょうも
くらして　いる……。

〈いまえ　よしとも「うみへの　ながい　たび」に　よる〉

チャレンジ!

4 くまの　きょうだいは、なにに　おどろきましたか。〔20てん〕

（　　　　）

5 「うん。」と　いった　とき、くまの　きょうだいは、どんな　きもちでしたか。〔10てん〕

（一つに　○を　つけましょう。）

ア（　）うみだ。なつかしいな。
イ（　）うみは　こわいな。
ウ（　）うみで　がんばるぞ。

6 二年半ばかりが　すぎて、きょうだいは　どうなりましたか。一つ10〔20てん〕

（　　　　）も　うまく　なり、
おいしい（　　　　）も　たっぷり
とって、一人前に　なった。

ものしりメモ
白くまが　すんで　いる　ほっきょくは、大きな　こおりの　かたまりなんだ。
ほっきょくには　りくちが　ないけれど、なんきょくには　りくちが　あるんだよ。

きほんのワーク

きこえて　きたよ、こんな　ことば
ことばの　ぶんか①　天に　のぼった　おけやさん　ほか

きょうかしょ　下50～57／142～145ページ
こたえ　13ページ

べんきょうした日　月　日

もくひょう
●しゃしんから　おはなしを　かんがえよう。
●おはなしを　よもう。
●かたかなで　かく　ことばを　まなぼう。

かん字れんしゅうノート24ページ

おわったら　シールを　はろう

あたらしい　かん字

◀れんしゅうしましょう。

きょうかしょ54ページ

56 天 てん あま	一二チ天	4かく	
56 中 ちゅう じゅう なか	丨口口中	4かく	
57 気 け き	ノ𠂉𠂉气気気	6かく	
57 小 しょう ちい こ お さい	亅小小	3かく	

かきじゅん　1　2　3　4　5

1　かん字の　よみ　よみがなを　かきましょう。

○あたらしく　まなぶ　かん字

①　天に　のぼる。

②　もりの　中。

③　気を　つける。

④　小さく　かく。

2　かん字の　かき　かん字を　かきましょう。

①　□《てん》じょうを　見る。

②　へやの　□《なか》。

③　□《き》が　つく。

④　□《ちい》さい　こえ。

「天」の　よこぼうは、二ほんめを　すこし　みじかく　かこう。

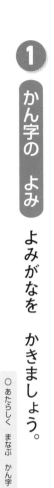

3 えを　見て　かんがえた　おはなしを　よんで、こたえましょう。

ゆきの　中で、一ぴきの　いぬが
はしって　いました。

「白くて　ふかふか。たのしいな。」

と、いぬさんが　いいました。

「これは、ゆきって　いうんだよ。」

と、わたしが　いいました。

いぬさんは、ゆきの　上で　とびはねました。

「あの　木まで　かけっこしよう。」

わたしと　いぬさんは、いっしょに
かけだしました。

● どの　えを　見て　かんがえた　おはなしですか。（一つに　○を　つけましょう。）

4 ☆ 天に　のぼった　おけやさん

おはなしの　じゅんに、1～5を　かきましょう。

5 ☆ かたかな

つぎの　ひらがなを　かたかなに　かきなおしましょう。

1 かすてら
2 わっぺん
3 だっしゅ

ものしりメモ

むかしの　人は、木で　つくられた　「おけ」で　みそを　つくったり、つけものを　つくったり　したよ。また、ふろおけと　しても　つかったんだ。

きほんのワーク

かん字の ひろば② かん字の よみかた
こころが あたたかく なる 手《て》がみ

きょうかしょ 下58～62ページ
こたえ 13ページ

べんきょうした日 月 日

もくひょう
●よみかたが いくつか ある かん字を 正しく よもう。
●手がみの かきかたを おぼえよう。

かん字れんしゅうノート25ページ

おわったら シールを はろう

あたらしい かん字

◀れんしゅうしましょう。 きょうかしょ 58ページ

かきじゅん 1 2 3 4 5

かん字	よみ	かきじゅん	かく数	ページ
本	ほん・もと	一 十 才 木 本	5かく	58
竹	ちく・たけ	ノ 𠂉 𠂉 𠂉 竹 竹	6かく	59
糸	し・いと	𠃋 幺 幺 糸 糸 糸	6かく	59
左	さ・ひだり	一 ナ 左 左 左	5かく	59
右	う・ゆう・みぎ	ノ ナ 右 右 右	5かく	59
生	せい・しょう・いきる・うまれる・はえる・なま	ノ 𠂉 牛 牛 生	5かく	59
先	せん・さき	ノ 𠂉 𠂉 生 先 先	6かく	59
休	きゅう・やすむ	ノ 亻 仁 什 休 休	6かく	61

1 かん字の よみ　よみがなを かきましょう。

○あたらしく まなぶ かん字
●あたらしい よみかたを おぼえる かん字

① 本日（　　）の 天気。
② 竹（　　）うまに のる。
③ 左手（　　）と 右手（　　）。
④ 十月に 生（　　）まれる。

2 かん字の かき　かん字を かきましょう。

① はりと □《いと》。
② □□《せんせい》 と はなす。

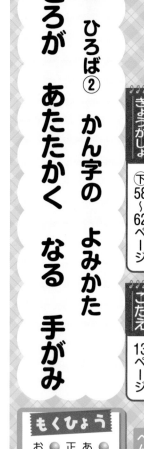

かん字の ひろば②

３ ——の かん字の よみがなを かきましょう。

１
出（　　）ぱつする。
そとに 出（　　る）る。
ふくろから 出（　　す）す。

２
空（　　）気を すう。
空（　　）が はれる。
せきを 空（　　ける）ける。
びんが 空（　　）に なる。

こころが あたたかく なる 手がみ

４ 手がみの かきかたに ついて、こたえましょう。

［ 1 ］
休みじかんに、本をよんでくれて、ありがとう ございました。
また、いっしょに本を［　　　］。
［ 2 ］

1 ［ 1 ］と［ 2 ］には なにを かきますか。［　］から えらんで、きごうを かきましょう。

1（　　）　2（　　）

ア じぶんの 名前《まえ》
イ あいての 名前

2 ［　　］には どのような ことばを かきますか。（一つに ○を つけましょう。）

ア（　）よみたいです
イ（　）よみたいな
ウ（　）よもう

ものしりメモ　ものの かたちから できた 字は かん字の ほかにも あるよ。むかしの インドや エジプトなどで つかわれて いたんだ。

きほんのワーク

スイミー

どくしょの ひろば 「おはなしどうぶつえん」を つくろう

きょうかしょ ㊦64〜85ページ

こたえ 14ページ

べんきょうした日 月 日

もくひょう
●スイミーが、おはなしの はじめと おわりで どのように かわったかを よみとろう。

かん字れんしゅうノート25ページ

おわったら シールを はろう

あたらしい かん字

▼れんしゅうしましょう。

きょうかしょ 64ページ

かきじゅん 1 2 3 4 5

ページ	かん字	よみ	かく
64	赤	せき / あか あかい あからむ	7かく
71	林	りん / はやし	8かく
80	夕	ゆう	3かく
80	雨	う / あめ あま	8かく

1 かん字の よみ よみがなを かきましょう。

① 赤い さかな。（ ）

② こんぶの 林。（ ）

③ 夕がたには かえる。（ ）

④ 雨が ふる。（ ）

○あたらしく まなぶ かん字

2 かん字の かき かん字を かきましょう。

① □《あか》い 車。

② □《はやし》に いく。

4 かたかなで かきましょう。

① みさいる

② ぜり ー

③ どろっぷ

3 ことばの つかいかた

ようすを あらわす ことばとして、あう ことばを □ から えらんで かきましょう。

1 (　　)のような まるい ホットケーキ。

2 (　　)みたいな ふわふわの くも。

3 (　　)のように 大きな いぬ。

うし
わたあめ
えんぴつ
まん月

ないようを つかもう！

★スイミー おはなしの じゅんに なるように、2・3・4・5を かきましょう。 きょうかしょ 64〜77ページ

(1)スイミーは、きょうだいたちと くらして いた。

(　)みんなで いっしょに うみで いちばん 大きな さかなみたいに およいで、大きな さかなを おい出した。

(　)まぐろが、きょうだいたちを のみこんで しまい、スイミーは 一ぴきだけに なった。

(　)小さな 赤い さかなたちを 見つけた スイミーは、大きな さかなに たべられない ほうほうを かんがえた。

(　)たくさんの すばらしい ものや おもしろい ものを 見て、スイミーは、元《げん》気を とりもどした。

5 ことばの いみ

——の いみに あう ほうに、○を つけましょう。

1 66ページ 一ぴき のこらず のみこんだ。

ア(　)一ぴきだけ のこして。
イ(　)一ぴきも のこさないで。

2 69 だんだん 元気を とりもどす。

ア(　)すこしずつ。ゆっくり。
イ(　)きゅうに。いきなり。

3 75 うんと かんがえる。

ア(　)とても。たくさん。
イ(　)ほんの すこしだけ。

4 76 とつぜん さけぶ。

ア(　)すこしずつ。ゆっくり。
イ(　)きゅうに。いきなり。

ことばの いみを たしかめよう。

ものしりメモ えほんの 「スイミー」では、だいめいに 「ちいさな かしこい さかなの はなし」と そえられて いるよ。スイミーは、よい ほうほうを がんがえた かしこい さかなだね。

れんしゅうのワーク

スイミー

きょうかしょ 下64～85ページ

こたえ 14ページ

わかるナビ

●どんな できごとが おきて、スイミーが どんな 気もちに なったのか よみとろう。

べんきょうした日 月 日

おわったら シールを はろう

✖ ぶんしょうを よんで、こたえましょう。

ある 日、おそろしい まぐろが、おなかを すかせて すごい はやさで、ミサイルみたいに つっこんで きた。一口で、まぐろは、小さな 赤い さかなたちを、一ぴき のこらず のみこんだ。にげたのは スイミーだけ。

スイミーは およいだ、くらい うみの そこを。こわかった、さびしかった、とても かなしかった。

けれど、うみには、すばらしい ものが いっぱい あった。おもしろい ものを 見る たびに、

2 まぐろが つっこんで きた あと、小さな 赤い さかなたちと スイミーは どう なりましたか。

● 小さな 赤い さかなたち

まぐろが 一口で、一ぴき のこらず (　　　　)ので、いなく なって しまった。

● スイミー

まぐろから (　　　　)。

3 よく出る● くらい うみの そこを およいで いた スイミーは、どんな 気もちでしたか。三つ かきましょう。

● (　　　　)。

ことばのいみ プラス

2ぎょう ミサイル…ロケットなどの 力で 空を とぶ ばくだん。

19ぎょう ブルドーザー…土を ほったり たいらに したり する 車。

スイミーは、だんだん 元《げん》気を
とりもどした。
にじいろの ゼリーのような くらげ。
水中ブルドーザーみたいな いせえび。
見た ことも ない さかなたち。
見えない 糸で ひっぱられて いる。

〈レオ＝レオニ／たにかわ しゅんたろう やく「スイミー」に よる〉

20

1 「ミサイルみたいに」と いう ようすを あらわす ことばから、まぐろの どんな ようすが わかりますか。
（一つに ○を つけましょう。）

ア（　）すこしずつ ちかづいて くる ようす。
イ（　）からだを ふくらませて いる ようす。
ウ（　）まっすぐ おそいかかって くる ようす。

●（　　　　）。
●とても（　　　　）。

4 スイミーが だんだん 元気を とりもどしたのは、なぜですか。（一つに ○を つけましょう。）

ア（　）くらげや いせえびたちと、ともだちに なったから。
イ（　）うみで、すばらしい ものや おもしろい ものを いっぱい 見たから。
ウ（　）ひとりぼっちで いる ことに なれて きたから。

5 よく出る● スイミーが、うみで 見た、①・②の ものは、どんな ようすでしたか。

「○○みたいな △△」と あったら、「○○」の ほうを こたえるんだよ。

① くらげ（　　　　）の よう。
② いせえび（　　　　）みたい。

ものしりメモ
いせえびは いわの おおい うみの そこに いるよ。ながい ひげが あって、からだの 大きな ものは 四十センチメートルにも なるんだ。

まとめのテスト

スイミー

きょうかしょ ㊦64～85ページ
こたえ 14ページ
じかん 20ぷん
とくてん /100てん
おわったら シールを はろう
べんきょうした日 月 日

ぶんしょうを よんで、こたえましょう。

その とき、いわかげに、スイミーは 見《み》つけた。スイミーのと そっくりの、小《ちい》さな さかなの きょうだいたちを。

スイミーは いった。

「出《で》て こいよ。みんなで あそぼう。おもしろい ものが いっぱいだよ。」

小さな 赤《あか》い さかなたちは こたえた。

「だめだよ。大《おお》きな さかなに、たべられて しまうよ。」

「だけど、いつまでも そこに じっと して いる わけには いかないよ。なんとか かんがえなくちゃ。」

スイミーは かんがえた。いろいろ かんがえた。うんと かんがえた。

それから とつぜん スイミーは さけんだ。

2 「スイミーは かんがえた。」に ついて こたえましょう。

(1) スイミーが かんがえたのは、小さな 赤い さかなたちが どのように する ためですか。 〔10てん〕
（一つに ○を つけましょう。）

ア（　）いわかげから 出ても、大きな さかなに たべられないように する ため。

イ（　）いわかげに いても、大きな さかなに 見つからないように する ため。

ウ（　）はなしかけても、スイミーを こわがらないように する ため。

(2) よく出る スイミーは、どんな ことを かんがえつきましたか。 一つ10〔20てん〕

うみで いちばん（　　　　）の ふりを して、みんな（　　　　）に およぐ こと。

ことばのいみ プラス
20ぎょう はなればなれ…ばらばらに わかれる こと。 21ぎょう もちば…じぶんが うけもって いる ばしょや やくわり。

「そうだ。みんな いっしょに およぐんだ。うみで いちばん 大きな さかなの ふりを して。」

スイミーは おしえた。

けっして はなればなれに ならない こと。

みんな、もちばを まもる こと。

みんなが、一ぴきの 大きな さかなみたいに およげるように なった とき、スイミーは いった。

「ぼくが、目に なろう。」

あさの つめたい 水の 中を、ひるの かがやく ひかりの 中を、みんなは およぎ、大きな さかなを おい出した。

〈レオ＝レオニ／たにかわ しゅんたろう やく「スイミー」に よる〉

チャレンジ！

1 スイミーが いわかげに 見つけた、小さな 赤い さかなたちは、だれと そっくりでしたか。〔20てん〕

スイミーの （　　　　）。

3 よく出る● スイミーは、みんなに どんな ことを おしえましたか。二つ かきましょう。一つ10〔20てん〕

（　　　　）

（　　　　）

4 みんなで 一ぴきの 大きな さかなみたいに およいだ とき、スイミーは、どんな やくわりを しましたか。〔15てん〕

大きな さかなの （　　　　）の やくわり。

5 みんなは およいで、どう しましたか。〔15てん〕

大きな さかなを （　　　　）。

ものしりメモ

まぐろは すこし 口を あけて、およぐ ときに、いきを して いるよ。こきゅうを つづける ために、あさも よるも、ずっと およぎつづけて いるよ。

きほんのワーク

ゆき

きょうかしょ ㊦86～88ページ

こたえ 15ページ

もくひょう
しを よんで、ゆきが ふる ようすを そうぞうしよう。

べんきょうした日 月 日

おわったら シールを はろう

しを よんで、こたえましょう。

ゆき

かわさき ひろし

はつゆき ふった
こなゆき だった
くつの 下で きゅっきゅと ないた
どかゆき ふった
のしのし ふって
ずんずん つもり
ねゆきに なった
べたゆき ふって
ぼたゆき ふって
ざらめゆきに なって
もう すぐ はるだ

1 はつゆきは どんな ゆきでしたか。

（　　　　）だった。

2 「きゅっきゅと ないた」は どんな ようすですか。（一つに ○を つけましょう。）

ア（ ）こなゆきが 空から ふって くる ようす。

イ（ ）こなゆきが かたく こおって いる ようす。

ウ（ ）こなゆきが ふまれて 音を 立てる ようす。

3 どかゆきが ふって つもった ようすを、どのように いって いますか。

「どかゆき」は、みじかい じかんで たくさん ふる ゆきの ことだよ。

ことばの いみ プラス

2ぎょう こなゆき…こなのように さらさらした ゆき。

8ぎょう ねゆき…ふりつもったまま、はるまで とけずに のこって いる ゆき。

（　　　）ふって

（　　　）つもった。

4 どかゆきは なにに なりましたか。

（　　　）

5 よく出る 「ざらめゆきに なって もう すぐ はるだ」から、どんな ことが わかりますか。

（一つに ○を つけましょう。）

ア（　）ゆきの ふる りょうが おおく なって いる こと。

イ（　）すこしずつ あたたかく なって いる こと。

ウ（　）ゆきだけでは なく 雨も ふって いた こと。

「ざらめゆき」は つぶの 大きい ゆきの ことだよ。ひるの あいだに ゆきが とけて、よるの あいだに ひえて かたまって できるんだ。

ものしりメモ

ゆきには、わたを ちぎったような 大きな 「わたゆき」や、あわのように やわらかくて すぐに とける 「あわゆき」など、いろいろな よびかたが あるよ。

きほんのワーク

みぶりで つたえる

きょうかしょ ㊦90～101ページ
こたえ 15ページ

もくひょう
●みぶりの はたらきを かんがえながら、ぶんしょうと えを あわせて よもう。

べんきょうした日　月　日

おわったら シールを はろう

1 からだの いちぶを あらわす ことば

1 からだの いちぶを あらわす ことばを □から えらんで、かきましょう。

① （　　）を 大きく あける。

② （　　）で ボールを ける。

③ ともだちに むかって （　　）を ふる。

④ 木の はっぱを （　　）で つまむ。

耳	手	あし	はな	ゆび	口

2 ことばの いみ

――の いみに あう ほうに、○を つけましょう。

① 90ページ みぶりで つたえる。
ア（　）からだを つかって 気もちを あらわす こと。
イ（　）ことばで 気もちを あらわす こと。

② 90 こうえんの むこう。
ア（　）ちかくの ばしょ。
イ（　）とおくの ばしょ。

③ 91 えんぴつだけで なく、けしゴムも つかう。
ア（　）どちらかを。
イ（　）りょうほうを。

2

えに あう 文に なるように、[　] から ことばを えらんで かきましょう。

①  くびを よこに （　　　　）。

②  ゆびを 口に （　　　　）。

[あてる　くむ　ふる]

ないようを つかもう！

☆ みぶりで つたえる

つぎの みぶりの はたらきを、ア〜ウから えらんで、きごうで こたえましょう。

きょうかしょ 90〜97ページ

ア 「しずかに しよう」と いう ことばの かわりを して いる。

イ おれいの 気もちが よく つたわる。

ウ こまった 気もちを つよく あらわして いる。

---

④ 91 気もちを つたえあう。

ア（　）おたがいに つたえる。

イ（　）どちらか かたほうだけが つたえる。

⑤ 92 くびを かたむける。

ア（　）まっすぐに する。

イ（　）ななめに する。

⑥ 92 くちびるに ゆびを あてる。

ア（　）とおくに はなす。

イ（　）くっつける。

⑦ 95 こまった ときには うでを くむ。

ア（　）うでが からまるように する。

イ（　）うでが はなれるように する。

ものしりメモ じぶんを さす とき、日本では 人さしゆびで はなの あたまを さすけれど、アメリカなどでは かた手で じぶんの むねを さすんだって。

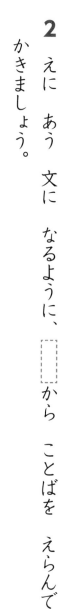

れんしゅうのワーク

みぶりで つたえる

きょうかしょ 下 90～101ページ

こたえ 15ページ

べんきょうした日 月 日

わかるナビ
●どんな ときに どんな みぶりを するのか よみとろう。

おわったら シールを はろう

❖ ぶんしょうを よんで、こたえましょう。

くびを たてに ふると 「はい」、よこに ふると 「いいえ」、よこに かたむけると 「よく わからない」と いう いみに なります。くちびるに 人さしゆびを あてると 「しずかに しよう」と いう いみに なります。

このような とき、みぶりは ことばの かわりを して います。

ともだちに、「こんな 大きな さつまいもを ほったよ。」と はなす とき、さつまいもの ながさや

2 ①のような みぶりを する とき、みぶりは どんな はたらきを して いますか。

（　　　　　）の はたらきを して いる。

「みぶりは」と いう ことばを さがそう。

3 ともだちに、「こんな 大きな さつまいもを ほったよ。」と はなす ときに ついて、こたえましょう。

(1) この とき、りょう手で なにを あらわす ことが できますか。

さつまいもの（　　　　）や（　　　　）。

ことばのいみプラス 12ぎょう こんな…このような。これほどの。

ふとさを　りょう手《て》で　あらわせば、その
大《おお》きさが　よく　つたわります。
あたまを　下《さ》げながら、
「ありがとう　ございます。」
と　いうと、おれいの　気《き》もちが　よく
つたわります。
　このように、みぶりと　ことばを　いっしょに
つかうと、じぶんの　つたえたい　ことを、
あいてに　うまく　つたえる　ことが　できます。

〈のむら　まさいち「みぶりで　つたえる」に　よる〉

1 よく出る　つぎの　みぶりは、どんな　いみですか。
・──・で　むすびましょう。

①  ・　　・ア　よく　わからない。

②  ・　　・イ　しずかに　しよう。

③  ・　　・ウ　いいえ。

(2) りょう手で　(1)を　あらわすと、なにが　よく
つたわりますか。
さつまいもの（　　　　　）。

4 「あたまを　下げながら、『ありがとう
ございます。』と　いう」と、なにが　よく
つたわりますか。
（　　　　　）

5 みぶりと　ことばを　いっしょに　つかうと、
どんな　ことが　できますか。
じぶんの（　　　　　）ことを、
あいてに（　　　　　）こと。

ものしりメモ
しずかに　して　ほしい　とき、くちびるに　人さしゆびを　あてる　みぶりは、
せかいの　ほかの　くにでも　して　いる　みぶりなんだよ。

きほんの ワーク

ことばの ひろば② 文を つくろう
かん字の ひろば③ かわる よみかた

きょうかしょ 下102～105ページ

こたえ 16ページ

もくひょう
- えに あわせて 文を つくろう。
- よみかたが かわる かん字を 正しく よもう。

べんきょうした日 月 日

おわったら シールを はろう

かん字れんしゅうノート26ページ

あたらしい かん字

◀れんしゅうしましょう。

きょうかしょ 102ページ

かん字	よみかた	ページ	かくすう
男	だん・なん／おとこ	102	7かく
女	じょ／おんな	103	3かく
円	えん／まるい	105	4かく
学	がく／まなぶ	105	8かく
校	こう	105	10かく
草	そう／くさ	105	9かく
玉	ぎょく／たま	105	5かく
村	そん／むら	105	7かく

かきじゅん 1 2 3 4 5

1 かん字の よみ　よみがなを かきましょう。

○ あたらしく 学ぶ かん字

① 男の子（　　）

② 百円で かう。（　　）

③ 草と 花。（　　）

④ 村に すむ。（　　）

2 かん字の かき　かん字を かきましょう。

① □《おんな》の子

② □□□《ちゅうがっこう》

3 文を　つくろう

えに　あう　文を　つくりましょう。

1

［　　］が　［　　］います。

2

［　　］が　［　　］います。

3

［　　］が　［　　］います。

4

［　　］が　［　　］います。

4 かん字の　ひろば③

——の　かん字を　よみましょう。

1

大きな　玉（　　）が　ころがる。

うんどうかいの　大玉（　　）おくり。

2

まつの　林（　　）の　そばを　あるく。

まつ林（　　）に　かぜが　ふく。

3

村に　すむ　人（　　）。

村人（　　）に　みちを　たずねる。

ものしりメモ

「だれが　どう　した」や「なにが　どう　した」の「だれ」「なに」の　ぶぶんには、ボールや　ひこうきなど、いきものでは　ない　ものも　あてはまるよ。

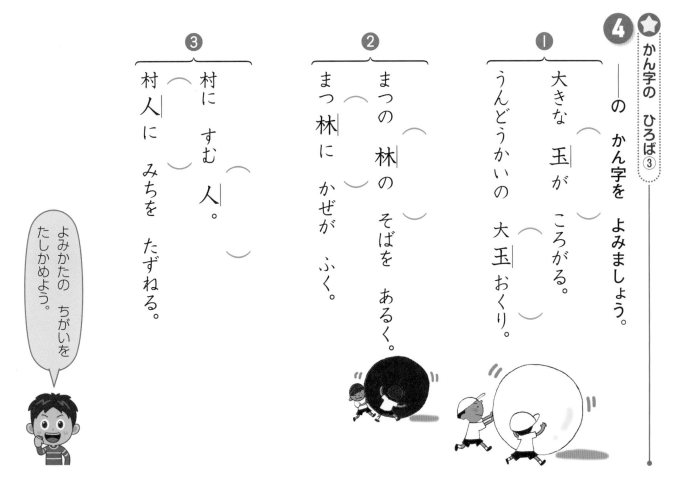

まとめのテスト

みぶりで つたえる
かん字の ひろば③ かわる よみかた

きょうかしょ 下90～105ページ
こたえ 16ページ
じかん 20ぷん
とくてん /100てん
おわったら シールを はろう
べんきょうした日 月 日

1 ぶんしょうを よんで、こたえましょう。

また、みぶりは、とくに 気もちを つよく あらわす ことが あります。

うれしい ときには、りょう手を 上げて ばんざいを します。こまった ときには、うでを くんだり、あたまに 手を あてたり します。

このように、うれしい、たのしい、かなしい、こまったなどの 気もちは、みぶりを つかうと、よく つたわります。

わたしたちは、じぶんの 気もちや かんがえを、まわりの 人と つたえあって くらして います。

3 気もちを あらわす ときに みぶりを つかうと、どう なりますか。
（一つに ○を つけましょう。）〔12てん〕

ア（　）気もちが 正しく つたわらない。
イ（　）気もちが よく つたわる。
ウ（　）気もちが はやく つたわる。

4 わたしたちは、まわりの 人と なにを つたえあって くらして いますか。 一つ10〔20てん〕

じぶんの（　　　）や（　　　）。

チャレンジ!
5 ことばだけで なく、みぶりを じょうずに つかうと、どのように なりますか。〔20てん〕

（　　　　）ように なる。

ことばの いみ プラス　4ぎょう ばんざい…うれしい ときや おめでたい ときに する うごきや、いう ことば。

ことばだけで なく、みぶりを じょうずに つかうと、つたえたい ことを はっきり あらわせるように なるのです。

〈のむら まさいち「みぶりで つたえる」に よる〉

1 よく出る みぶりは、とくに なにを つよく あらわす ことが ありますか。〔20てん〕

（　　　　）

2 つぎの みぶりは、どんな 気もちの ときに しますか。一つ5〔10てん〕

① 

（　　　　）気もちの とき。

② 

（　　　　）気もちの とき。

---

2 ――の かん字の よみがなを かきましょう。一つ2〔18てん〕

① （　）百円。 （　）三百円。 （　）六百円。

② （　）小学校に かよう。 （　）入《にゅう》学しきで しゃしんを とる。

③ かみを （　）六まい かぞえる。 くりを （　）六こ ひろう。

④ いろいろな （　）花が さいて いる。 にわで （　）草花を そだてる。

ものしりメモ 手を つかって 気もちを あらわす ことを、「手ぶり」と いうよ。「バイバイ」と 手を よこに ふるのも、手ぶりの 一つだね。

きほんのワーク

はじめて　しった　学校の　こと
ことばの　ひろば③　ことばで　つたえよう

きょうかしょ　下106〜113ページ
こたえ　16ページ

べんきょうした日　月　日

もくひょう
●きいた　ことを　正しく　つたえよう。
●おもいうかべた　ものに　ついて　ことばで　つたえよう。

かん字れんしゅうノート27ページ

おわったら　シールを　はろう

あたらしい　かん字

きょうかしょ111ページ

入　にゅう　はいる　いる

◀れんしゅうしましょう。　かきじゅん　1　2　3　4　5

入　2かく

1　かん字の　よみ

よみがなを　かきましょう。

○あたらしく　学ぶ　かん字

① 入（　　）って　いる。

3　はじめて　しった　学校の　こと

なかがわさんたちは、学校で　はたらいて　いる　人に、はなしを　ききに　いきました。その　あと、なかがわさんは、きいた　ことを　おもい出して　メモを　かきました。きいた　ことと　メモを　よんで、もんだいに　こたえましょう。

こんにちは。一年一組《くみ》の　なかがわ　ゆうです。

（のぐち）さんの　しつもん	すきなじかん
きいた　こと	・　3　のじかん ・みなさんが、わくわくしながら　おはなしをきいてくれるから

2　ことばで　つたえよう

つぎの　ことばが　あらわす　たべものは　なんですか。（一つに　○を　つけましょう。）

●白くて、ふわふわして　います。大きさは、りょう手に　のるくらいです。中に　なにか　入って　いて、あたたかいです。

ア（　）わたあめ
イ（　）にくまん
ウ（　）ソフトクリーム

のぐち さやかです。ししょの 先生に おはなしを ききたいのですが、いま、いいですか。

はい。いいですよ。

うれしい ことは なんですか。

おすすめした 本を よんだ 人が、「おもしろかった。」と いって くれる ことです。

すきな じかんは いつですか。

おはなしかいの じかんです。

[1] おはなしかいの じかんが すきなのですか。

みなさんが わくわくしながら おはなしを きいて くれるからです。

よく わかりました。ありがとう ございました。

【なかがわさんが かいた メモ】

きいた あいて	ししょの 先生
じぶんの しつもん	うれしいこと
きいた こと	・おすすめした本をよんだ人が、「[2]。」といってくれること。

1 なかがわさんたちは、だれに はなしを ききましたか。

（　　　）

2 [1]には、どんな ことばが 入りますか。

（一つに ○を つけましょう。）

ア（　）だれが

イ（　）どうして

ウ（　）いつ

おはなしかいの じかんが すきな りゆうを きいて いるよ。

3 なかがわさんたちが きいた ことの 中から、メモの [2] [3] に 入る ことばを かきましょう。

[2]（　　　）

[3]（　　　）

ものしりメモ ししょの 先生は、としょしつの 本を かして くれたり、としょしつに おく 本を きめたり、おすすめの 本を おしえて くれたり するよ。

きほんのワーク

おもい出の アルバム

きょうかしょ 下114～117ページ

こたえ 17ページ

べんきょうした日 月 日

もくひょう
●つたえたい ことを おもい出して、ぶんしょうを かけるように なろう。

おわったら シールを はろう

✖ あおきさんが おもい出の 中で いちばん こころに のこって いる ことを かいた メモと ぶんしょうを よんで、もんだいに こたえましょう。

【あおきさんが かいた メモ】

① あさがおの 花が さいた。

② はっぱが すこし しおれて しまった。

③ はじめは あげる 水の りょうが わからなかった。

④ あつい 日に 一日に 二かい 水を あげた。

⑤ おかあさん
「もうすぐ さきそうだよ。」

⑥ つるが のびて、つぼみが できた。

【あおきさんが かいた ぶんしょう】

あさがおの花がさいた

あおき みらい

わたしのいちばんのおもい出は、そだてていたあさがおの花がさいたことです。

はじめは、［1］がわからなくて、はっぱがすこししおれてしまいました。あつい日には、［2］水をあげたので、つるがどんどんのびて、つぼみができました。おかあさんが、

もうすぐさきそうだよ。

と、おしえてくれました。

花がさいたときは、とてもうれしかったです。

ほかのしょくぶつも、きれいな花がさくように、そだててみたいとおもう。

1 なにに　ついて　かいた　ぶんしょうですか。

そだてていた（　　　　　　　）こと。

2 ぶんしょうに　かいた　じゅんばんに　なるように、メモを　ならべかえましょう。

①→③→（　）→（　）→⑥→（　）

3 メモの　中から、ぶんしょうの［１］［２］に　入る　ことばを　かきましょう。

［１］（　　　　　　　）

［２］（　　　　　　　）

4 あさがおの　花が　さいた　ときに　おもった　ことを、どう　かいて　いますか。

●花がさいたときは、とても（　　　　　　　）。

気もちを　あらわす　ことばを　見つけよう。

5 「もうすぐさきそうだよ。」は、あおきさんの　おかあさんが　はなした　ことばです。「　」を　つけて　かきなおしましょう。

6 「おもう」を、ほかの　文と　そろえて　ていねいな　ことばに　かきなおしましょう。

（　　　　　　　）

ものしりメモ　あさがおの　つるは　ずっと　うごいて　いて、なにかに　あたると　それに　まきついて　いくよ。はしらに　なる　ものが　ないと　じめんを　すすんで　いくんだ。

きほんのワーク

かん字の ひろば④ にて いる かん字
ことばの ぶんか② しりとりで あそぼう

きょうかしょ 下 118～120ページ
こたえ 17ページ
べんきょうした日 月 日

もくひょう
●にて いる かん字を まちがえないように かこう。
●なかまの ことばで しりとりを しよう。

おわったら シールを はろう

かん字れんしゅうノート27～28ページ

あたらしい かん字

▼れんしゅうしましょう。

きょうかしょ118ページ

かん字	よみ	かきじゅん	かく数
石	せき しゃく / いし	一 丆 不 石 石	5かく
犬	けん / いぬ	一 ナ 大 犬	4かく
王	おう	一 T 干 王	4かく
町	ちょう / まち	丨 冂 冊 田 田 町 町	7かく
森	しん / もり	一 十 才 木 木 杰 杰 森 森 森 森 森	12かく
貝	かい	丨 冂 月 月 目 貝 貝	7かく
足	そく / あし たりる	丨 口 口 尸 早 足 足	7かく

かきじゅん 1 2 3 4 5

1 かん字の よみ

よみがなを かきましょう。

○あたらしく 学ぶ かん字

① 石（　　）が ある。
② 犬（　　）が ねむる。
③ えらい 王（　　）さま。
④ 貝（　　）を ひろう。

2 かん字の かき

かん字を かきましょう。

「石」と「右」や、「王」と「玉」の ちがいに 気を つけよう。

① 小さな □《いし》。
② □《まち》に すむ。
③ □《もり》に 入る。
④ □《あし》と 手。

③ かん字の ひろば④

□には、かたちの にて いる かん字が 入ります。[ ]から えらんで かきましょう。

① □《おお》きな □《いぬ》。

② □《き》の 下で □《やす》む。

③ かごの □《なか》の □《むし》。

④ □《みぎ》手で □《いし》を ひろう。

⑤ □《かい》がらを よく □《み》る。

⑥ あさ □《はや》く、□《くさ》を とる。

虫　犬　早　見　大　右　石　中　貝　休　木　草

④ しりとりで あそぼう

えを 見ながら、しりとりを しましょう。

1

①

②

③

④

2

① き

②

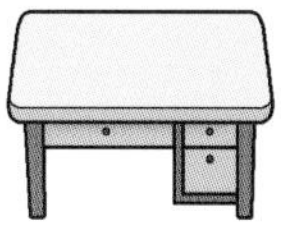

③

ものしりメモ　しりとりは 「ん」で おわる ことばを いったら まけだけれど、がいこくの ことばには 「ん」から はじまる ことばも あるよ。

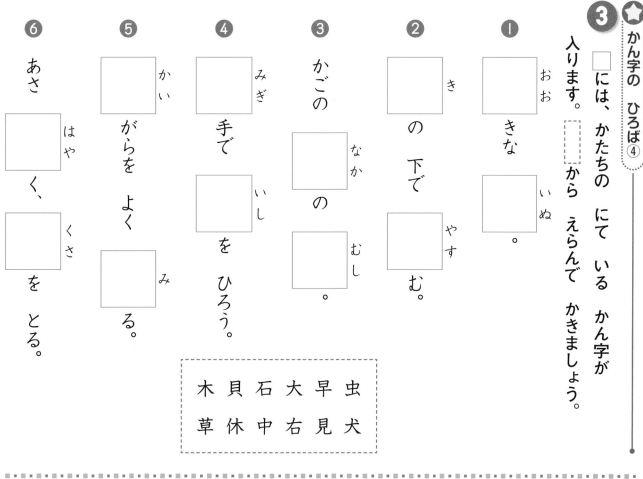

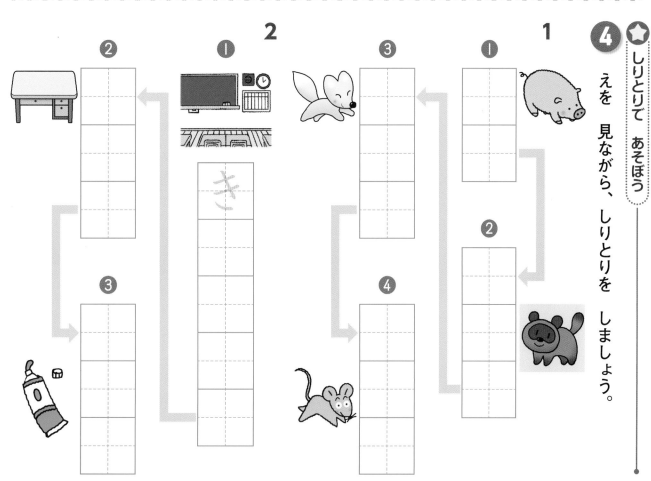

きほんのワーク

お手がみ

八　おはなしを　よんで　おもった　ことを　つたえよう

きょうかしょ　㊦122～139ページ

こたえ　17ページ

べんきょうした日　月　日

もくひょう
●がまくんと　かえるくんの　ようすや　気もちを　おもいうかべながら　よもう。

おわったら　シールを　はろう

かん字れんしゅうノート28ページ

1 かん字の　よみ　よみがなを　かきましょう。

① （　　　）二人で　すごす。　② （　　　）一人で　本を　よむ。

◆とくべつな　よみかたの　ことば

2 つぎの　ときの　気もちに　あう　ほうに、○を　つけましょう。

① ともだちから　手がみが　とどいた　とき。

ア（　）かなしい　気もち。

イ（　）うれしい　気もち。

② 雨が　ふって　いて、そとで　あそべない　とき。

ア（　）たいくつな　気もち。

イ（　）しあわせな　気もち。

3 かたかな　かたかなを　かきましょう。

① べっど

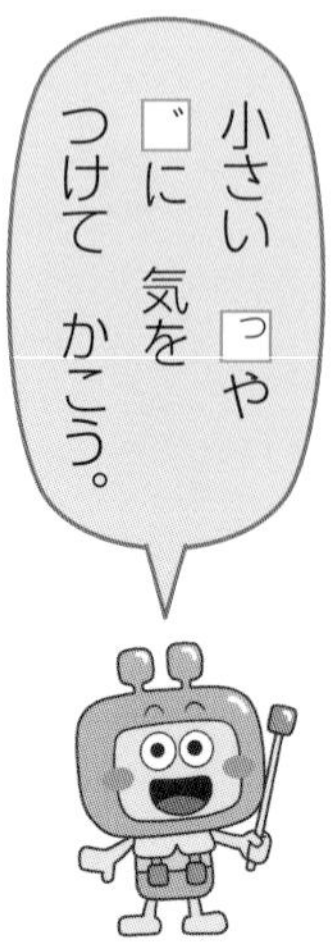

4 ことばの　いみ　——の　いみに　あう　ほうに、○を　つけましょう。

① 125ページ　二人は、げんかんの　まえに　こしを　おろした。

ア（　）ねころんだ。

イ（　）すわった。

ないようを つかもう！

お手がみ

きょうかしょを よんで、もんだいに こたえましょう。

きょうかしょ 122～135ページ

1 だれが、どんな ことを しましたか。・――・で むすびましょう。

① かえるくん ・　　・ア 手がみを はこんだ。

② がまくん ・　　・イ 手がみを もらった。

③ かたつむりくん ・　　・ウ 手がみを かいた。

2 おはなしの じゅんに なるように、1～5を かきましょう。

ア
イ
ウ
エ
オ

---

2 129 ながい はなしに あきあきする。

ア（　）きょうみが ある。

イ（　）あきて いやに なる。

3 129 ひょっとして、手がみを くれるかも しれない。

ア（　）もしかして。

イ（　）かならず。

4 132 しんあいなる きみへ。

ア（　）すこし しって いる。

イ（　）したしみを かんじて いる。

5 133 しんゆうに そうだんする。

ア（　）ちかくに いる 人。

イ（　）したしい ともだち。

つかいかたと いっしょに いみを おぼえよう。

ものしりメモ かたつむりは、「でんでんむし」とも いうよ。かたつむりの からには、右まきと 左まきの 二つの むきの ものが あるんだ。

れんしゅうのワーク お手がみ

きょうかしょ 下 122～139ページ

こたえ 18ページ

べんきょうした日 月 日

わかるナビ
●がまくんと かえるくんの ようすに ちゅういして、二人の 気もちを よみとろう。

おわったら シールを はろう

ぶんしょうを よんで、こたえましょう。

がまくんは、げんかんの まえに すわって いました。

かえるくんが やって きて、いいました。

「どう したんだい、がまがえるくん。きみ、かなしそうだね。」

「うん、そうなんだ。」

がまくんが いいました。

「いま、一日の うちの かなしい ときなんだ。つまり、お手がみを まつ じかんなんだ。そう なると、いつも ぼく、とても ふしあわせな 気もちに なるんだよ。」

「そりゃ、どういう わけ。」

かえるくんが、たずねました。

「だって、ぼく、お手がみ もらった こと

1 がまくんは どこに すわって いましたか。

（　　　　）

2 がまくんの ところへ やって きたのは だれですか。

（　　　　）

3 がまくんは、どんな ようすでしたか。
（一つに ○を つけましょう。）

ア（　）いそがしそうな ようす。

イ（　）うれしそうな ようす。

ウ（　）かなしそうな ようす。

4 「一日の うちの かなしい とき」とは、どんな じかんですか。

（　　　　）を まつ じかん。

ことばのいみ プラス　13ぎょう そりゃ…それは。　27ぎょう 気分…気もち。

ないんだもの。」
がまくんが　いいました。
「一どもかい。」
かえるくんが　たずねました。
「ああ。一ども。」
がまくんが　いいました。
「だれも、ぼくに　お手がみなんか　くれた
ことが　ないんだ。
毎《まい》日、ぼくの　ゆうびんうけは　空っぽさ。
手がみを　まって　いる　ときが　かなしいのは、
その　ためなのさ。」
二人とも、かなしい　気分《ぶん》で、げんかんの
まえに　こしを　おろして　いました。

〈アーノルド＝ローベル／みき　たく　やく「お手がみ」に　よる〉

5 よく出る　がまくんが「とても　ふしあわせな　気もちに　なる」のは　なぜですか。
（一つに　○を　つけましょう。）

ア（　）だれも　お手がみを　くれた　ことが　ないから。
イ（　）あいに　きて　くれる　ともだちが　一人も　いないから。
ウ（　）一ども　お手がみを　出した　ことが　ないから。

6 がまくんの　ゆうびんうけは、毎日　どのような　ようすですか。

（　　　　　　　）

7 がまくんと　かえるくんは、どんな　気分で　げんかんの　まえに　こしを　おろして　いましたか。

（　　　　　　　）気分。

ものしりメモ　がまがえるは　足が　みじかくて、あまり　はねないんだ。せなかなどから　どくを　出して、てきから　みを　まもって　いるよ。

まとめのテスト

お手がみ

きょうかしょ ㊦122〜139ページ
こたえ 18ページ

じかん 20ぷん

とくてん　　/100てん

おわったら シールを はろう

べんきょうした 日　月　日

❀ ぶんしょうを よんで、こたえましょう。

「かえるくん、どうして きみ、ずっと まどの そとを 見て いるの。」

がまくんが たずねました。

「だって、いま、ぼく、手がみを まって いるんだもの。」

かえるくんが いいました。

「でも、きや しないよ。」

がまくんが いいました。

「きっと くるよ。」

かえるくんが いいました。

「だって、ぼくが、きみに 手がみ 出したんだもの。」

「きみが。」

がまくんが いいました。

「手がみに、なんて かいたの。」

2 よく出る● 「きっと くるよ。」と ありますが、かえるくんが、手がみが きっと くると いったのは なぜですか。（一つに ○を つけましょう。）〔10てん〕

ア（　）じぶんが、がまくんへ 手がみを 出したから。

イ（　）だれかが、がまくんへ 手がみを 出したかも しれないと おもったから。

ウ（　）かたつむりくんが、がまくんへ 手がみを 出したと きいたから。

3 「きみが。」と いった とき、がまくんは、どんな 気もちでしたか。（一つに ○を つけましょう。）〔10てん〕

ア（　）いらいらして いる 気もち。

イ（　）かなしんで いる 気もち。

ウ（　）おどろいて いる 気もち。

ことばの いみ プラス　7ぎょう きや しないよ。…くる わけが ないよ。

かえるくんが　いいました。
「ぼくは、こう　かいたんだ。
『しんあいなる　がまがえるくん。
ぼくは、きみが　ぼくの　しんゆうで　ある
ことを　うれしく　おもって　います。
きみの　しんゆう、かえる。』」
「ああ。」
がまくんが　いいました。
「とても　いい　手がみだ。」
それから　二人は、げんかんに　出て、
手がみの　くるのを　まって　いました。
二人とも、とても　しあわせな　気もちで、
そこに　すわって　いました。

〈アーノルド＝ローベル／みき たく やく「お手がみ」に よる〉

1 かえるくんが、ずっと　まどの　そとを　見て　いるのは　なぜですか。〔20てん〕

（　　　　）から。

4 かえるくんは、手がみに、がまくんへの　気もちを　どのように　かきましたか。一つ10〔20てん〕

きみが　ぼくの（　　　　）で　ある　ことを

（　　　　）おもって　います。

5 よく出る　かえるくんが　手がみに　かいた　ことを　きいて、がまくんは、どんな　気もちに　なりましたか。〔20てん〕

ア（　）もっと　たくさん　かいて　ほしかったのに。つまらない。

イ（　）せっかく　たのしみに　して　いたのに。きかなければ　よかった。

ウ（　）とても　いい　お手がみだ。ほんとうに　うれしい。

6 げんかんに　出て、手がみが　くるのを　まって　いる　とき、二人は、どんな　気もちでしたか。〔20てん〕

（　　　　）気もち。

ものしりメモ
がまくんと　かえるくんが　とうじょうする　おはなしは、「ふたりはともだち」「ふたりはいっしょ」「ふたりはいつも」「ふたりはきょうも」でも　よめるよ。

きほんのワーク

のんびり森の　ぞうさん

きょうかしょ　㊦146～153ページ

こたえ　19ページ

もくひょう
●だれが　どんな　ことを　したか、じゅんばんに　よみとろう。

べんきょうした日　月　日

おわったら　シールを　はろう

❶ だれが、どんな　ことを　しましたか。□から　えらんで、きごうを　かきましょう。

① ぞうさん（　　）

② うさぎさん（　　）

③ かばさん・しまうまさん・ふくろうさん（　　）

ア　ぞうさんに　はがきを　わたした。
イ　ぞうさんから　はがきを　もらった。
ウ　みんなに　はがきを　はいたつした。

❷ うさぎさんが　ひっこしの　おいわいに　よぼうと　したのは　だれですか。ぜんいんに　○を　つけましょう。

ア

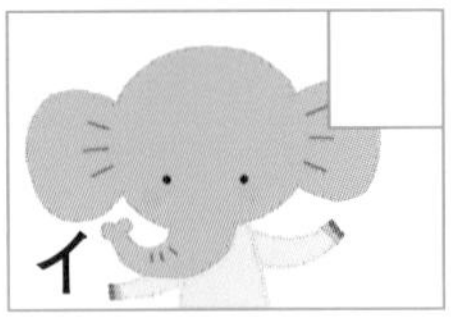
イ

ウ

エ

オ

❸ おはなしの　じゅんに　なるように、1・2・3・4・5を　かきましょう。

ア

ウ

イ

エ

オ

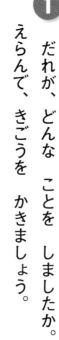

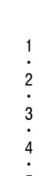

4 ぶんしょうを　よんで、こたえましょう。

「あした、うさぎさんの　おいわいが　あるよ。」
本当《とう》に、ぞうさんは　のんびりやさんです。きのうから　一日　たって　いるのも　気に　ならない　ようすで、はがきを　わたしました。
「まあ、それは　たのしみだわ。」
かばさんは、にっこり　わらって　いいました。

　ところが、ちょうど　その　ころ、うさぎさんは、かなしくて　なきつづけて　いました。白い　ふさふさした　けは、なみだで　びしょびしょに　ぬれて　いました。だって、せっかくの　おいわいに、だれも　きて　くれなかったからです。

　さて、つぎの　日です。
あさから　かばさんは、ていねいに　おけしょうを　して、リボンを　つけ、おひるごろ、うさぎさんの　うちに　出かけて　いきました。

〈かわきた　りょうじ「のんびり森の　ぞうさん」に　よる〉

1 よく出る● うさぎさんの　おいわいは、本当は　いつ　ひらかれますか。（一つに　○を　つけましょう。）

ア（　）きのう
イ（　）きょう
ウ（　）あした

ぞうさんが「きのうから　一日　たって　いるのも　気に　ならない　ようす」で　いる　ことから　かんがえよう。

2 ぞうさんは　だれに　はがきを　わたしましたか。

（　　　　）

3 「うさぎさんは、かなしくて　なきつづけて　いました。」と　ありますが、うさぎさんが　かなしいのは　なぜですか。

せっかくの　おいわいに、

（　　　　）から。

4 つぎの　日、かばさんは、どこに　出かけて　いきましたか。

（　　　　）

ものしりメモ　ぞうの　はなは　とても　ながくて、にんげんの　おとなの　せたけほども　あるよ。きように　うごかして、たべものや　水を　口に　はこぶ　ことが　できるんだ。

5 ぶんしょうを よんで、こたえましょう。

ぞうさんは、きょうは、しまうまさんの ところに はいたつです。でも、のんびり森を のんびり あるきましたから、しまうまさんに はがきを わたした ときは、やっぱり よるでした。

「あした、うさぎさんの おいわいなんだね。」

しまうまさんは、うれしそうに いいました。

その つぎの 日、ふくろうさんの ところでも おなじだったのです。

ところで、ぞうさんが がんばって はいたつを おえた つぎの 日、うさぎさんの うちに ついた とき、どうだったでしょう。中から、たのしい みんなの はなしごえが、きこえて きたのです。

おいわいは、一日 おくれて はじまりました けれど、きょうで 三日も つづいて いたのです。

〈かわきた りょうじ「のんびり森の ぞうさん」に よる〉

---

1 「きょう」、ぞうさんは だれの ところに はがきを はいたつしましたか。

（　　　　）の ところ。

2 よく出る はがきを わたした ときに よるだったのは なぜですか。

ぞうさんが のんびり森を （　　　　）から。

3 ぞうさんが うさぎさんの うちに ついた とき、なにが きこえましたか。

たのしい みんなの （　　　　）。

4 おいわいは、いつ はじまって、どのくらい つづいて いましたか。

（　　　　） はじまって、

きょうで （　　　　）も つづいて いた。

実力《じつりょく》はんてい テスト

夏休《なつやす》みの テスト②

じかん30ぷん

なまえ

とくてん　　/100てん

きょうかしょ　㊤見返《みかえ》し〜93ページ

こたえ　21ページ

おわったら シールを はろう

●べんきょうした日　　月　　日

1 ただしい かきかたの ほうに、○を つけましょう。

ひとつ5〔20てん〕

① あ（　）えんびつ　い（　）えんぴつ

② あ（　）おとおと　い（　）おとうと

③ あ（　）しょっき　い（　）しよつき

④ あ（　）あくしゆ　い（　）あくしゅ

2 えを みて、なまえを かきましょう。

ひとつ5〔30てん〕

①  か□□□

②  □□し

③  □□せ□

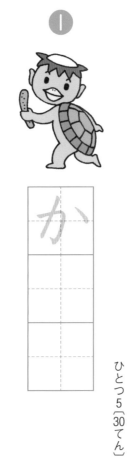

④  おね□□□

⑤  ち□□□

⑥  □て□□□

3 □の ことばを つかって、えに あう ぶんを つくりましょう。

ひとつ10〔20てん〕

① 

② 

すわる　ころぶ　さかなが

くまが　はねる　いぬが

4 □に あう じを、□から えらんで かきましょう。（おなじ じを なんかいでも つかえます。）

ひとつ2〔14てん〕

① ぼく□、ほん□かった。

② あに□、へや□もどる。

③ わたし□、かさ□もって、こうえん□いった。

は　お　へ

わ　を　え

5 かきかたの まちがって いる じが、ふたつ あります。×を つけて、よこに ただしく かきましょう。

ひとつ8〔16てん〕

がっこうで てつぼうお した。

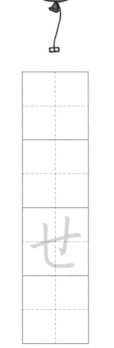

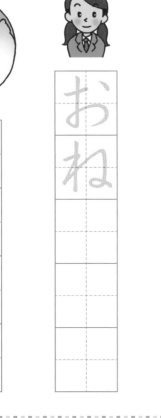

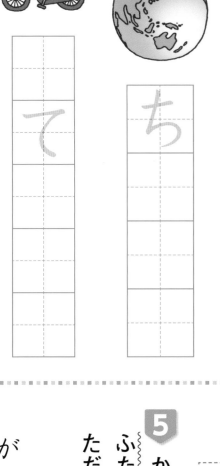

夏休《なつやす》みの テスト①

●べんきょうした日　月　日

きょうかしょ　㊤見返《みかえ》し～93ページ　こたえ　21ページ

なまえ

とくてん　/100てん

おわったら シールを はろう

じかん 30ぷん

ぶんしょうを よんで、こたえましょう。

むねで ドクドク《どくどく》 いって いるのが、しんぞう。しんぞうは、うまれてから いちども やすむ こと なく うごきつづけます。

その うごきの ことを 「こどう」と いいます。しんぞうは、*ぜんしんに ちを おくりだす ポンプ《ぽんぷ》です。ちの なかには、*さんそや えいようが あって それを からだじゅうに おくりだして いるのです。

〈中川《なかがわ》 ひろたか「こころとしんぞう」による〉

*ぜんしん＝からだじゅう。
*さんそ＝くうきの なかに ある、いきものに ひつような せいぶん。

1 しんぞうは、どこに ありますか。〔20てん〕

（　　　）

2 しんぞうは、どのように うごきますか。（ひとつに ○を つけましょう。）〔20てん〕

あ（　）うまれてから いちども やすまず うごきつづける。

い（　）ねて いる あいだは やすみながら うごく。

3 しんぞうの うごきの ことを、なんと いいますか。〔20てん〕

（　　　）

4 しんぞうは、どんな はたらきを して いますか。〔20てん〕

ぜんしんに（　　　）を おくりだす ポンプの はたらき。

5 ちの なかには なにが ありますか。ふたつ かきましょう。ひとつ10〔20てん〕

（　　　）（　　　）

実力《じつりょく》はんていテスト

冬休《ふゆやす》みの テスト①

じかん 30ぷん

きょうかしょ 上94～123ページ、下6～85ページ

こたえ 22ページ

なまえ

とくてん　　/100てん

おわったら シールを はろう

●べんきょうした日　　月　　日

★ 文しょうを よんで、こたえましょう。

〔クマの マーくんは、ないて いる あじさいに あいました。〕

「あじさいさん、どうして ないてるの？」

「だって、あたしだけ、みんなと いろが ちがうんだもの。」

すみっこで うなだれて＊ いる その 花は、とても うすい みどりいろ。青あおと いろづいて いる ほかの 花たちとは、たしかに いろが ちがいます。

「あたし、さびしくて、かなしいの。みんなは とっくに 青く なったのに、あたしだけ、みどりの ままなんて。」

「あせらなくても、そのうち、かわれるよ。それに、みんなと いろが ちがったって、きみは きみだし、いいじゃない。」

マーくんの はげましに、みどりの 花は ゆさゆさと、花びらを ゆらして いいました。

「じゃあ、マーくんは じぶんだけ、ほかの クマと いろが ちがっても、へいきなの？」

「えっ。」

＊うなだれて いる＝下を むいて いる。

〈森《もり》絵都《えと》「雨がしくしく、ふった日は」による〉

1 あじさいは、どうして ないて いるのですか。〔20てん〕

じぶんだけ みんなと（　　　　）から。

2 あじさいと ほかの 花たちは、それぞれ どんな いろですか。〔一つ10〔20てん〕〕

あじさい　うすい（　　　）いろ。

ほかの 花たち（　　　）い いろ。

3 あじさいは、どんな 気もちですか。〔15てん〕

さびしくて、（　　　）気もち。

4 マーくんは、どのように あじさいを はげましましたか。〔一つ15〔30てん〕〕

そのうち いろが かわるから、（　　　）ても いいし、みんなと いろが（　　　）と しても きみは きみだから、いい。

5 「えっ。」と いった とき、マーくんは、どんな 気もちでしたか。〔15てん〕

（一つに ○を つけましょう。）

ア（　）あじさいの ことばに おこって いる。

イ（　）あじさいの ことばに おどろいて いる。

ウ（　）あじさいの ことばに よろこんで いる。

実力《じつりょく》はんていテスト

冬休《ふゆやす》みの テスト②

じかん30ぷん

なまえ

とくてん　　/100てん

きょうかしょ　上94～123ページ、下6～85ページ

こたえ　22ページ

おわったら シールを はろう

●べんきょうした日　　月　　日

1 ――の かん字の よみがなを かきましょう。　一つ3〔24てん〕

① 金（　　）よう日が くる。

② 林（　　）に はいる。

③ 月（　　）を 見（　　）る。

④ 青（　　）い 空（　　）。

⑤ 耳（　　）で 音（　　）を きく。

2 □に かん字を かきましょう。　一つ3〔30てん〕

① けがに □《き》を つける。

② お□《しょう》月《がつ》の あいさつ。

③ □《ほん》を □《だ》す。

④ □《ちい》さな □《むし》。

⑤ □《て》を □《みず》で あらう。

⑥ □《やま》に □《はな》が さく。

3 □には かずを あらわす かん字を、○には かぞえかたを ひらがなで、それぞれ かきましょう。　りょうほう できて 一つ6〔18てん〕

① 車が □○○ ある。

② 子どもが □○○ いる。

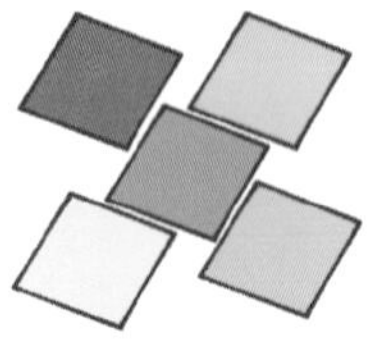

③ かみが □○○ ある。

4 えに あう ことばを かたかなで かきましょう。　一つ5〔20てん〕

① 
ケ□□□

② 
ト□□□

③ 
□□べ□

④ 
□□□ス

5 はなした ことばに 「 」を かきましょう。　〔8てん〕

わたしは、ともだちに、
おはよう。
といいました。

実力《じつりょく》はんていテスト

学年まつの テスト②

じかん30ぷん

なまえ

とくてん　　/100てん

きょうかしょ　㊤見返《みかえ》し〜123ページ、㊦6〜140ページ

こたえ　23ページ

おわったら シールを はろう

●べんきょうした日　　月　　日

1

――の かん字の よみがなを かきましょう。　一つ3〔24てん〕

① 百円（　　）の おかし。

② 貝（　　）がらを ひろう。

③ 大（　　きな）きな 玉（　　）。

④ 町（　　）に ある 学校（　　）。

⑤ 王（　　）さまが おしろに 入（　　る）る。

2

□に かん字を かきましょう。　一つ3〔30てん〕

① □（いぬ） と あそぶ。

② にわの □（くさ） を とる。

③ □（もり） で □（やす） む。

④ □（ひだり） と □（みぎ） を 見る。

⑤ □（むら） に すむ □（おんな） の子。

⑥ □（おとこ） の 人の □（な） 前《まえ》。

3

――の かん字の よみがなを かきましょう。　一つ3〔18てん〕

①
えん足（　　）。
ねこの 足（　　）。
かずを 足（　　す）す。

②
生（　　まれる）まれる。
生（　　きる）きる。
先生（　　）。

4

つぎの かたちや しるしから できた かん字を、□に かきましょう。　一つ4〔16てん〕

① 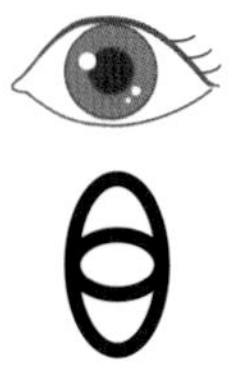 → □

② 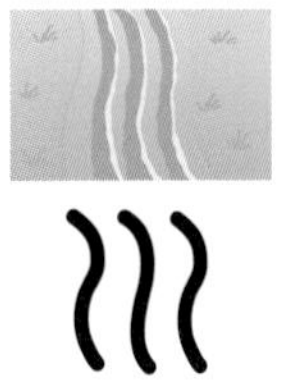 → □

③  → □

④  → □

5

えに あう 文を つくりましょう。　一つ3〔12てん〕

① 

□が □います。

② 

□が □います。

●べんきょうした日　月　日

実力《じつりょく》はんていテスト

学年まつの テスト①

じかん 30ぷん

なまえ

とくてん　／100てん

きょうかしょ　㊤見返《みかえ》し～123ページ、㊦6～140ページ

こたえ　23ページ

おわったら シールを はろう

文しょうを よんで、こたえましょう。

〔かぶとむしは、じゅえき（木から 出る しる）を えさに して います。〕

　じゅえきに あつまる 虫の 中でも いちばん 力が つよいのは、かぶとむしの おすです。
　からだも いちばん 大きく りっぱな つのを もって いるので、ほかの 虫は かないません。ながくて 大きな あごを もった くわがたの おすも かぶとむしに おしのけられたり はねとばされて しまいます。

　でも、力の つよい ものだけが いつも よい ばしょで じゅえきを のんで いるとは かぎりません。かぶとむしの おすでも おなかが いっぱいの ときには、すずめばちや かなぶんに おいはらわれる ことも あります。
　かぶとむしが かつどうするのは、おもに よるです。ひるまは しずかに じゅえきを なめて いるか 土の 中に もぐって います。

〈得田《とくだ》 之久《ゆきひさ》「新版 かぶとむし」（福音館書店刊）による〉

1 じゅえきに あつまる 虫の 中で、いちばん 力が つよいのは、なんですか。〔20てん〕

（　　　　）

2 ほかの 虫が かぶとむしの おすに かなわないのは、なぜですか。（一つに ○を つけましょう。）〔15てん〕

ア（　）かぶとむしの からだが 大きく、りっぱな つのが あるから。

イ（　）かぶとむしは、ながくて 大きな あごを もって いるから。

3 かぶとむしが おいはらわれるのは、どんな ときですか。〔20てん〕

（　　　　）の とき。

4 かぶとむしは、おもに いつ かつどうしますか。〔15てん〕

（　　　　）

5 かぶとむしは、ひるまは なにを して いますか。二つ かきましょう。一つ15〔30てん〕

（　　　　）

（　　　　）

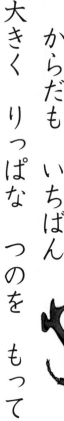

実力《じつりょく》はんていテスト

1ねんせいの かんじ 80じを かこう!

かんじリレー①

じかん30ぷん

なまえ

●べんきょうした ひ　がつ　にち

□に かんじを かきましょう。

こたえ 24ページ

おわったら シールを はろう

❶ □《ふた》つに わける。

❷ □《し》がつに なる。

❸ □《なな》さいに なる。

❹ □《きゅう》だいの くるま。

❺ みかんが □《みっ》つ。

❻ □《はち》□《がつ》に なる。

❼ □《ろく》さつの □《ほん》。

❽ □《いつ》つの □《かい》がら。

❾ □《じゅう》まいの おりがみ。

❿ □《た》うえを する。

⓫ おいしい □《みず》。

⓬ □《たけ》を きる。

⓭ □《やま》と □《かわ》。

⓮ □《うえ》を みあげる。

⓯ □《き》の □《した》に たつ。

□ じ/20じ クリア!

▶かけた じの かずを かこう。

⓰ □《ひ》を けす。

⓱ □《つち》を ほる。

⓲ □《きん》よう□《び》の よる。

⓳ □《め》を とじる。

⓴ うさぎの □《みみ》。

㉑ □《くち》を ゆすぐ。

㉒ □《て》を ふる。

㉓ □《あし》が はやい。

㉔ □《むし》を みつける。

㉕ □《な》まえを よぶ。

㉖ □《ただ》しい しせい。

㉗ □《ちい》さい □《むら》。

㉘ □《おお》きい □《じ》で かく。

㉙ □《はやし》の □《なか》。

㉚ □《もり》で □《やす》む。

□ じ/20じ クリア!

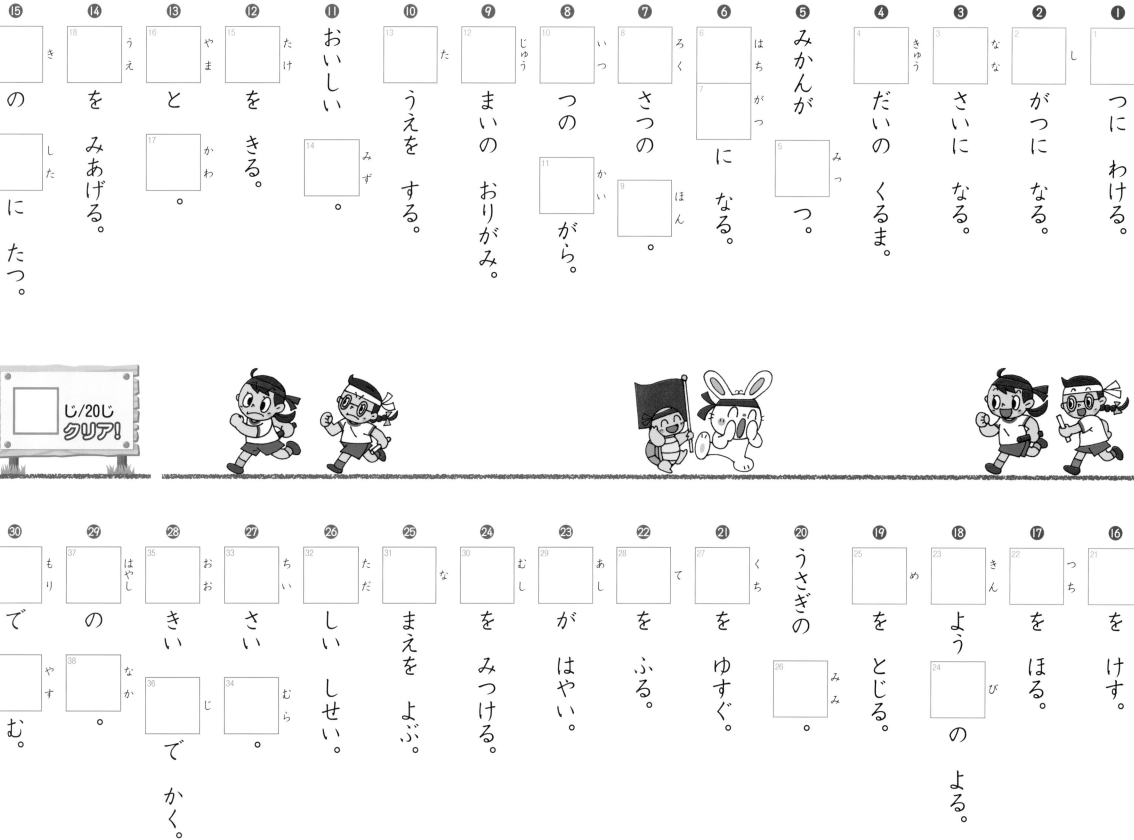

●べんきょうした ひ　　がつ　　にち

実力《じつりょく》はんていテスト

1ねんせいの かんじ 80じを かこう！

かんじリレー②

じかん30ぷん

□に かんじを かきましょう。

なまえ

かけた かず ぜんぶで　　/80じ

こたえ 24ページ

おわったら シールを はろう

㉛ □《ひゃく》ねんが たつ。

㉜ □□《せんえん》を はらう。

㉝ □《しろ》い シャツ。

㉞ □《あお》い えのぐ。

㉟ □《あか》い □《はな》が さく。

㊱ □《き》もちを かんがえる。

㊲ □《いと》を むすぶ。

㊳ へやに □《はい》る。

㊴ □《おう》さまの いす。

㊵ □《ぶん》しょうを よむ。

㊶ □《てん》じょうを みあげる。

㊷ □《おんな》の □《こ》が あそぶ。

㊸ □《おとこ》の ひと。

㊹ □□《がっこう》に いく。

㊺ □《くるま》に □《ひと》を のせる。

▶かけた じの かずを かこう。

□じ/20じ クリア！

㊻ あさの □《はや》い じかん。

㊼ □《たま》いれを する。

㊽ □《いぬ》を かう。

㊾ □《くさ》が はえる。

㊿ □《おと》を きく。

51 □《いし》を ひろう。

52 □《ちから》を あわせる。

53 まえに □《た》つ。

54 □《ゆう》がたの □《そら》。

55 □《まち》に □《あめ》が ふる。

56 □《さき》に いえを □《で》る。

57 □《ひだり》と □《みぎ》を □《み》る。

58 □□□《いちねんせい》の おもいで。

□じ/20じ クリア！

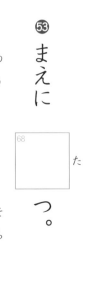

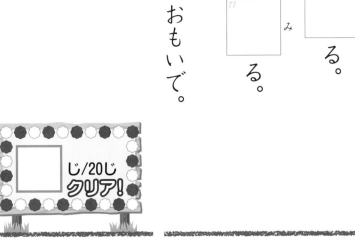

教科書ワーク

こたえとてびき

「こたえとてびき」は、とりはずすことができます。

教育出版版

こくご **1** ねん

つかいかた

まちがえた問題は、もういちどよく読んで、なぜまちがえたのかを考えましょう。正しい答えを知るだけでなく、なぜそうなるかを考えることが大切です。

なかよしの　みち　あかるい　あいさつ　ほか

4・5ページ　きほんのワーク

❶ ❶ [れい] おんなのこ、おとこのこ、くも、さくら、はな、ちょう、がっこう、らんどせる　など。

❷ （しょう）がっこう

❸ [れい] たのしそうな　かお

❷ ❶ おはよう。

❷ ありがとう（ございます）。

❸ ごめんなさい。（[または] ごめんね。）

❸ （しょうりゃく）

❹ （しょうりゃく）

❺ いっしょに　あそぼう。

てびき

❶ ❶ 全体をながめたり、細かい部分に注目したり、さまざまな観点で絵を見るようにしましょう。

❷ ランドセルを背負って小学校に向かっていることを読み取りましょう。

❸ 子どもたちが、どんな表情をしているかに注目しましょう。

❷ ❶ ここでは、朝、ともだちに会った場合ですが、先生や近所の人など、目上の人に会ったときは、「おはようございます。」と、ていねいな言葉で言いましょう。

❷ ぼうしを拾ってくれたという、親切なことをしてもらった場面なのでお礼を言うのが適切です。

❸ よそ見をしていてともだちにぶつかるという、相手に悪いことをしてしまった場面なので、あやまる言葉を言います。

❸ 書き順を確認しながら、ゆっくりていねいに書きましょう。自分で書くのが難しい場合は、大人が先にお手本を用意して、それをなぞったり、見ながら書いたりするとよいでしょう。

❹ 題名が言えたら、登場人物はだれか、どんなお話かなどをきいてみてもよいでしょう。興味のありそうなお話を紹介し、読書のきっかけをつくるのもおすすめです。

❺ 「おはよう。」は隣の席の友だちに話しています。「はい。」は同じ教室内の少し離れた先生に話しています。「いっしょに　あそぼう。」は遠くに離れている友だちに話しています。「いっしょに　あそぼう。」の場面がいちばん遠くの相手に話しているので、いちばん大きな声を出すとよいとわかります。相手との距離に合わせて、適切な大きさの声で話しましょう。

かいて　みよう

6・7ページ　きほんのワーク

❶ （しょうりゃく）

❷ （しょうりゃく）

❸（しょうりゃく）

❹つくし

❺❶つ（め）❷い（す）❸くり ❹くつし（た）❺いのしし

てびき

❶ 初めて、ひらがなの練習をします。字形や書き順、画数に注意して、ていねいに書きましょう。「り」「い」の一画めは、二画めに続くようにはねます。「く」「つ」「し」「の」は、一画で書きます。「つ」「り」「し」「の」の最後は、はらいましょう。

❷ えんぴつの持ち方を確かめましょう。書くときは背すじをのばし、姿勢をよくすることも大切です。

❸ なぞり書きをして、ひらがなを覚えましょう。それぞれの読み方を確かめることも大切です。

❹・❺ まずは、絵にかかれたものを声に出して言ってみて、それから言葉を書くとよいでしょう。

こえを あわせて あいうえお
あいうえおを つかおう

8・9ページ きほんのワーク

❶（しょうりゃく）

❷ 1（しょうりゃく） 2（しょうりゃく）

❸（しょうりゃく）

---

❹❶（た）け ❷あし ❸きり（ん） ❹うき（わ） ❺（ぬ）りえ

てびき

❶ 母音をふくめたひらがなを覚えましょう。「あ」「う」「お」「け」は、最後の一画をはらいます。「え」は二画で書きます。「け」と「に」は、形が似ているので注意しましょう。それぞれ一画めの最後をはね、「け」は最後の一画を上から下に、「に」は横に二画書きます。

❹ これまでに習ったひらがなも書いて、少しずつ書き方を覚えていきましょう。語彙《ごい》を増やすことも大切です。

みつけて はなそう、はなしを つなごう
かきと かぎ

10・11ページ きほんのワーク

❶（しょうりゃく）

❷かめ

❸（しょうりゃく）

❹❶かぎ ❷ざる ❸だい

❺（しょうりゃく）

❻（しょうりゃく）

てびき

❶「か」は、一画めをはねます。書き順にも注意しましょう。「ふ」は、全体のバランスに注意しましょう。「さ」は、「き」との形のちがいに注意しましょう。「さ」は横画が一本、「き」は横画が二本です。「る」は、一画で書き、最後はむすびます。

❷「なにが　いるかな」という質問に対して、絵を見て答えを考えましょう。

❸「゛」や「゜」は、文字の右上に書きます。どのひらがなに「゛」や「゜」がつくのかを覚えておくことも大切です。

❹ 言葉の一部の字に「゛」や「゜」をつけると、ちがう意味を表す言葉になることがあります。

❺ 字に「゛」や「゜」がつくことで、それぞれの言葉にどのような意味のちがいが生まれるのかを考えましょう。

ことばを あつめよう

12・13ページ きほんのワーク

❶（しょうりゃく）

❷❶なす ❷いぬ ❸とら ❹ほん ❺そり ❻まど ❼ちず ❽はさみ ❾さかな

てびき

❶「ま」「ほ」「す」「ぬ」「み」「は」は、むすびの形に気をつけましょう。「ん」「そ」は一画で、「す」「ら」「ぬ」「み」「ち」は二画で書きます。「は」と「ほ」は、形のちがいに注意しましょう。「は」は横画が一本、「ほ」は横画が二本です。「は」は三画めの縦画が

横画をつらぬきますが、「ほ」の四画めの縦画は二画めの横画をつらぬきません。

くまさんと ありさんの ごあいさつ

きほんのワーク 14・15ページ

1 （こ）んにちは

2 ㋑

3 ❶㋑ ❷㋐

4 し（っ）かり・そ（っ）と

てびき

初めて、文章を読んで問題に答えます。一つ一つの文をていねいに読んでいき、登場人物はだれなのか、「だれが」「なにを」して、「なにを」言ったのかを読み取りましょう。

1 「くまさんと ありさんが、 みちで あいました。」のあとに注目して、あいさつの言葉を読み取りましょう。

2 「ありさんは、 にもつを せおって います。」とあるので、絵の中から「にもつ」がかかれているものを選びます。

3 登場人物が言った言葉は、ふつう「 」（かぎ）をつけて表されます。「 」に注目して、ありさんとくまさんの言った言葉を探しましょう。くまさんが言った言葉は大きく、ありさんが言った言葉は小さく書かれていることにも注目しましょう。

4 「すれちがいました」とある二つの文から、ありさんとくまさんの様子を読み取りましょう。

ねこと ねっこ

きほんのワーク 16・17ページ

❶ （しょうりゃく）

❷ ❶ねっこ ❷ねこ

❸ ❶つ ❷っ

❹ ❶㋑ ❷㋐

❺ ❶しっぽ ❷はっぱ ❸がっこう

❻ らっこは、およぐ。

てびき

❶ 「よ」は、「ま」との形のちがいに注意しましょう。「よ」は、横画が一本で、縦画が横画をつらぬきませんが、「ま」は横画が二本で、縦画が二本の横画をつらぬきます。

❷ 小さい「っ」は、ますの右上に書きます。「っ」が入ることで、それぞれの言葉にどのようなちがいが生まれるかを考えましょう。読み方にも注意が必要です。

❺・❻ 絵に合う言葉や文を声に出して言ってみて、どこに小さい「っ」が入るかを考えながら書きましょう。

ほんを よもう ことばを つなごう

きほんのワーク 18・19ページ

❶ （しょうりゃく）

❷ 1 （しょうりゃく）
2 （しょうりゃく）
3 （しょうりゃく）

❸ （たて・みぎからじゅんに）いるか・あさがお・くじら
（よこ・うえからじゅんに）あじさい・くわがた

てびき

❶ 「も」の一画めは縦画です。書き順をまちがえやすいので注意しましょう。「ろ」「へ」「ひ」は一画、「れ」「わ」「め」「ゆ」は二画で書きます。「れ」と「わ」は形が似ているので注意し、「ね」との形のちがいにも気をつけましょう。「れ」は最後の一画を外側にはらい、「わ」は最後の一画を内側にはらいます。「ろ」は「る」、「め」は「ぬ」との形のちがいに注意しましょう。最後の一画をむすぶのかはらうのか、それぞれのちがいをおさえましょう。「む」は、むすびの形に注意しましょう。

❷ 3 基本的な文の構成を学びます。絵を見て「何を・どうする」のかをおさえてから、文をなぞりましょう。

❸ 上から下に、または、左から右に読めるよ

うに、絵を見て言葉をつなぎましょう。「゛」がつくひらがなの書き方にも注意しましょう。

あいうえおの うた／ごじゅうおん　20・21ページ　きほんのワーク

❶ 1 （しょうりゃく）
2 （しょうりゃく）
3 あ・か・さ・た・な／は・ま・や・ら・わ

❷ がぎぐげご／ざじずぜぞ／だぢづでど／ばびぶべぼ／ぱぴぷぺぽ

てびき

❶ 1 どのひらがなが、どの行や段にあるのかを確かめながら、一字ずつ形に注意して書いていきましょう。

3 五十音表の一番上の段のひらがなは、長くのばすと「あ」の音になります。同じように、二番めは「い」の音に、三番めは「う」の音に、四番めは「え」の音に、五番めは「お」の音になることを確かめましょう。

❷ 「゛」や「゜」がつくひらがなを確かめましょう。「゛」は「か」「さ」「た」「は」の行のひらがなにつきます。「゜」は「は」の行のひらがなにしかつきません。

けむりの きしゃ　22・23ページ　きほんのワーク

1 ながれぼし
2 ㋐
3 もやし
4 「おじいさん、ありがとう。」
5 ㋑

てびき

お話を読んで、「だれが・何を（何に）・どうした」のかを読み取りましょう。

1 「ながれぼしが、おちて きました。えんとつそうじの おじいさんが、ひろいました。」とあるので、おじいさんがひろったものは「ながれぼし」だとわかります。

2 「おじいさんは、ながれぼしを えんとつの てっぺんに おきました。」とあるので、「えんとつの てっぺん」を表している絵を選びましょう。

4 「　」（かぎ）に注目して、ながれぼしの言った言葉を探しましょう。ながれぼしは、「おじいさん、……。」と、おじいさんに話しかけています。

5 お話の最後に、「ながれぼしは、けむりに のって、そらへ そらへと のぼって いきました。」とあります。

のばす おん／せんせい、あのね ほか　24・25ページ　きほんのワーク

❶ ❶おかあさん ❷おとうさん ❸おねえさん ❹おにいさん ❺いもうと
❷ ❶㋐ ❷㋑ ❸㋐
❸ ❶すうじ ❷ろうそく
❹ ❶やま・いった ❷こうえん・なわとび
❺ です・ます

てびき

❶ ❸は「おねいさん」、❺は「いもおと」とまちがえやすいので、注意しましょう。

❷ のばす音の読み方を確かめましょう。❷❸五十音表の「お」の段の音をのばすときは、「こおり」のように「お」と書くものと、「ひこうき」のように「う」と書くものがあるので、注意が必要です。

❸ 言葉を声に出して読み、のばす音を確認しながら書きましょう。

❹ 絵を見て、「だれは・どこへ（何を）・どうした」のかをとらえましょう。「を」と「へ」のちがいに注目することも大切です。

❺ みんなの前で話すときは、ていねいな言葉で話しましょう。前にある言葉と合うように「です」と「ます」をあてはめて読んでみましょう。

がぎぐげごの　うた　よく　みて　かこう

26・27ページ　きほんのワーク

❶ ❶(い)　❷(あ)　❸(あ)

❷ ❶にんじん　❷たんぽぽ　❸どんぐり　❹えんぴつ

❸ 1 あさがお
2 ひくい
3 (う)
4 はな・たのしみ

てびき

❶「゛」や「゜」のつくひらがなの書き方を確かめましょう。

❷「゛」や「゜」のつくひらがなを使って、絵に合う言葉を書きましょう。

❸ 1 いちばん上の題名に「あさがおのつるがのびたよ」とあります。題名と文章の内容から、おおたさんは、「あさがお」のつるについて書いていることがわかります。

2 「つるのたかさは、したじきよりすこしひくいくらいです。」と書いています。

3 「つるにさわってみたら、ざらざらしていました。」と書いています。

4 最後の文に「はながさくのがたのしみです。」と、思ったことを書いています。

すずめの　くらし　しゃ、しゅ、しょ　ほか

28・29ページ　きほんのワーク

❶ 1 なにを　して　いるのでしょう。
2 たべもの
3 (い)

❷ ❶(い)　❷(あ)　❸(い)　❹(い)

❸ ❶ひゃくえん　❷でんしゃ　❸びょういん　❹ちきゅう

てびき

❶ 1 「なにを」や「……でしょう」という、質問の文に使われる言葉に注目しましょう。

2 問題文にある「なにを」という言葉に気をつけて、文章の中から答えを探しましょう。「すずめは、たべものを　さがして　いるのです。」とあります。

3 「じめんを　つついて、くさの　たねを　たべて　います。」とあるので、すずめが食べているのは「くさの　たね」であることがわかります。

❷・❸ 小さい「ゃ・ゅ・ょ」は、ますの右上に書きます。「ゃ・ゅ・ょ」が入ることで、言葉の読み方がどのように変わるのかに注意しましょう。

しらせたい　ことを　かこう　は、を、へ

30・31ページ　きほんのワーク

❶ 1 そら
2
　　そらのえ
　　　　つじ　りく
　ぼくは、きのう、そ
らのえをかきました。
あおいくれよんで、い
ろをぬりました。

❷ ❶は・わ　❷お・を　❸え・へ

❸ ❶ねこは、さかなを　たべます。
❷いもうとは、こうえんへ　いきます。

てびき

❶ 1 最初の文に「ぼくは、きのう、そらのえをかきました。」とあるので、「そら」の絵をかいたことを知らせているとわかります。

2 「ほんぶんを　かきはじめる　ところは　ひとます　あけます。」「、や　。も　ひとますに　かきます。」という原こう用紙の使い方の決まりに注意して、文章を正しく書き写しましょう。

❷「は」と「へ」は、文中での発音のちがいにも気をつけましょう。「……は」のように、意味のわかる言葉の後につく場合は、「は」と書いて「ワ」と発音します。また、「……へ」のように、意味のわかる言葉の後につく場合は、「へ」と書いて「エ」と発音します。

32・33ページ　きほんのワーク

❶
1 （「）はなさかじいさん（」）
2 はながさく

❷
1 かぶ
2 ㋐一　㋑5　㋒3　㋓4　㋔2　㋕6

❸
2 ㋑・㋒
3 ぬけません（または ぬけない・ぬけなかった）

てびき

❶ 1　最初の文に「ぼくが　すきな　ほんは、『はなさかじいさん』です。」とあります。「はなさかじいさん」を紹介しているとわかります。

❷ 「おおきな　かぶ」を読んで、「だれが・何を」「だれが・だれを」ひっぱったのかを読み取りましょう。絵によって、人物の数がちがうことに注目しましょう。

❸ 1　最初の文に「おじいさんが、かぶのたねを　まきました。」とあります。

2　「あまい、あまい　かぶに　なれ。おおきな、おおきな　かぶに　なれ。」というおじいさんの言葉に注目しましょう。おじいさんは、あまくて大きなかぶになってほしいと思っていることがわかります。「ふたつに　〇を　つけましょう。」という問題の指示を見のがさないように注意しましょう。

3　「ぬこうと　しました」の後の部分に注目しましょう。「ところが」は、前後が反対の内容になっているときに使う、文と文をつなぐ言葉です。おじいさんが一生懸命引っ張ったにもかかわらず、かぶはぬけなかったのです。

34・35ページ　まとめのテスト

1 かぶ
2 （「）うんとこしょ、どっこいしょ。（」）
3 ㋐
4 （じゅんに）ねこ・いぬ・おばあさん
5 ㋒
6 ぬけました（または ぬけた）

てびき

1　「それでも、かぶは　ぬけません。」とあることから、みんなで力を合わせて「かぶ」をぬこうとしていることがわかります。

2・3　「うんとこしょ、どっこいしょ。」から、力を入れて一生懸命にかぶを引っ張るみんなの様子が伝わってきます。

4　「ねずみが　ねこを　ひっぱって、ねこがいぬを　ひっぱって、……おばあさんがおじいさんを　ひっぱって、……。」とあります。この文から、並んでいる順番を読み取りましょう。

5・6　みんなで力いっぱいかぶをひっぱって、とうとうかぶがぬけたことから考えます。□には、「ようやく、どうにかこうにか。」という意味を表す「やっと」があてはまります。

えにっきを　かこう

36・37ページ　きほんのワーク

1 7・21・にち
2 ㋑
3 すなはま・びっくり
4 ㋒
5 ㋑
6 ㋒

てびき

1・2　日づけは、絵日記の絵の上に書かれています。行った場所は初めの文に書かれています。絵日記を書くときには、「いつ・だれが・だれと・どこで・なにをした」などをしっかり書きましょう。

3　「びっくりしました」は、ひらのさんが、砂はまを見て思ったことです。

4　「おねえちゃんと」からはじまる、最後の文に注目しましょう。「すなのやまをつくりました」とあります。

5　ひらのさんの絵日記の感想を伝えているものを選びます。㋐は、ひらのさんに質問しているのであてはまりません。㋒は、自分がしたことを伝える言葉なので、ひらのさんの絵日記に関する感想になっていません。

6 海の色について質問しているものを選びます。

38・39ページ なつの おもいでを はなそう かたかなの ことば きほんのワーク

1 ㋑（しょうりゃく）

2 ①ドア ②パン（ダ）

3 ①コロッケ ②ジャム ③チョコレート

4 ①カレー ②ケーキ ③チーズ

5 ④パトカー ⑤スプーン

てびき

1 「した ことを たずねるとき」は、「なにを しましたか。」という言い方をするとよいでしょう。

2 初めて、かたかなの練習をします。ひらがなとの形のちがいに気をつけて、文字をなぞりましょう。小さい「ッ」は、ひらがなの「っ」と同じように、ますの右上に書きます。のばす音は、「ー」を使って表し、マスの真ん中に書きます。

3 かたかなの「゛」や「゜」も、ひらがなと同じように、文字の右上に書きます。

4 小さい「ャ」「ョ」は、ひらがなの「ゃ」「ょ」と同じように、ますの右上に書きます。①「ツ」は最後の一画を上から左下に書き、②「シ」は最後の一画を下から右上に書きます。

5 のばす音は、ひらがなののばす音と書き方がちがうので気をつけましょう。

40・41ページ けんかした 山 きほんのワーク

1 ①やま ②ひ・つき ③ひ ④き ⑤いち ⑥さん

2 ①山 ②月 ③木 ④二

3 ページ

4 ①イ ②ア ③ア

☆ ないようをつかもう！ （じゅんに）2→3→1

てびき あたらしい かんじ

初めて漢字の練習をします。字形や書き順、画数に注意して、くり返し書いて覚えましょう。「山」は、真ん中の長い縦画を一画めに書きます。「日」と「月」は、形のちがいに注意しましょう。「日」は四画めの横画で下を閉じます。「月」は一画めの終わりをはらい、二画めの終わりをはねます。「火」は左の点を一画めに、「木」は横画を一画めに書きます。それぞれ、最後の一画は、はらいます。「二」は上の横画を短く書き、「三」は下の横画を一番長く書きます。

3 かたかなの「゛」や「゜」も、ひらがなと同じように、文字の右上に書きます。

42・43ページ まとめのテスト

1 せいくらべ・けんか

2 どうぶつたち・あんしん

3 りょうほうの 山・（みどりの）木

4 くも・あめ

5 イ

てびき

初めて、長い文章を読んで解く問題です。登場人物も多いので、「だれが・何を・どうした（言った）」のかを、順に読み取っていきましょう。「が」「は」「を」に注意することも大切です。

1 三行目の「いつも」という言葉に注目して、「ふたつの 山」が、いつも、何をしていたのかを読み取りましょう。

2 お月さまが、「おやめなさい。そうでないと、もりの どうぶつたちは、あんしんして ねて いられないから。」と言っていることに注目しましょう。お月さまは、森の動物たちが安心してねられるようにするため、二つの山にけんかをやめさせようとしているのです。

3 「ある 日」の後に、どんなことが起こったかが書かれています。

4 「ことりたちが、くちぐちに いいました。」のすぐ後に、「お日さま。はやく くもを よんで、あめを ふらせて ください。」とあります。ここから、空らんに合う言葉を探しましょう。

5 文章の最後に「火の きえた 山は、しょんぼりと かおを みあわせました。」とあります。「しょんぼりと」は、落ちこんでいる様子や気持ちを表しています。

かん字の はじまり

44・45ページ きほんのワーク

❶ ❶ひと ❷かわ ❸こ ❹た

❷ ❶上・下 ❷口

❸ ❶月 ❷田 ❸火 ❹上 ❺口

❹ ❶ウ ❷エ ❸ア ❹イ

てびき

あたらしい かん字 「字」は、五画めの最後をはね、最後の六画めに横画を書きます。「上」と「下」は、書き順に注意しましょう。「上」は縦画から、「下」は横画から書き始めます。「人」は、一画めと二画めの最後をはらいます。「川」は一画めをはらい、二画めの縦画を短く書きます。「子」は二画めの最後をはね、三画めに横画を書きます。「字」と「子」は、形のちがいにも注意しましょう。「口」は三画で書きます。「田」は真ん中の縦画を三画めに、真ん中の横画を四画めに書きます。

❸・❹ 漢字の成り立ちを学びます。漢字は、一つ一つが意味をもっていることを学びましょう。

だれが、たべたのでしょう

46・47ページ きほんのワーク

❶ ❶こ

❷ ❶木

❸ ❶イ ❷ア ❸イ

ないようをつかもう！

☆ ア・ウ・エ

❹
1 くるみ
2 だれが、くるみを たべたのでしょう。
3 ねずみ
4 ウ
5 なかみ

てびき

❹ 1 最初の文に「くるみの からが、おちて います。」とあります。

2 「だれが」や「……でしょう」は、質問をするときの言い方です。

3 「だれが、くるみを たべたのでしょう。」のすぐ後に「ねずみが、くるみを たべたのです。」と書かれています。

4・5 最後の一文に注目しましょう。「ねずみは、からに あなを あけて、なかみを たべます。」とあります。「からに あなを あけて」は「どのように して」食べたのかを、「なかみを」は「どこを」食べたのかを説明しています。

48・49ページ まとめのテスト

1 りす
2 イ
3 ちぎれた・まんなか
4 むささび
5 かみきって
6 どうぶつ・たべた

てびき

1 「だれが、まつぼっくりを たべたのでしょう。」のすぐ後に書かれています。

2 「まつぼっくりの どこを たべますか。」と問われているので、食べる部分を答えます。「りすは、まつぼっくりの まわりだけを たべて、しんを のこします。」とあるので、まつぼっくりの「まわり」を食べて、「しん」は食べないことがわかります。

3 「ちぎれた 木のはが、おちて います。」とあります。そのつぎの「はの まんなかだけが、かじられた ものも あります。」という文も、おちている木の葉についての説明であることに注意しましょう。

4 「だれが、木のはを　たべたのでしょう。」のすぐ後に書かれています。

5 「むささびは、木のはを　かみきって　たべます。」という文に注目しましょう。空らんの前後に「木のはを」「たべる」とあるので、ここには「かみきって」があてはまることがわかります。

6 最後の文に注目しましょう。「山や　もりでは、……みつかります。」と、この文章のまとめが書かれています。

たのしかった　ことを　かこう

50・51ページ　きほんのワーク

❶ ❶ひと

❷
1 やすみの日
2 けんだま
3 イ
4 おとさずに、なんかいもつづけました。
5 「とってもじょうず。」
6 うれしかった
7 (じゅんに)(1)→3→2→4

てびき
❷ 1 「いつ」を表す言葉を、文章から探しましょう。

2 「おばあちゃんのいえで、けんだまをしました。」と、したことをわかりやすく書いています。

3 「おとさずに、なんかいもつづけました。」と、おがわさんがけんだまをしたことを書いているので、イの「した　こと」が正解です。

4 「、」や「。」は、ますの右上に書きます。

5 「「」はますの右下に、「」」はますの左上に書きます。

6 文章の最後に、「うれしかったです。」と思ったことを書いています。

7 一つずつの文に注目して、何を書いているか確かめましょう。

かぞえよう

52・53ページ　きほんのワーク

❶ ❶いつ　❷むっ　❸なな　❹ここの

❷ ❶八　❷十

❸ ❶五　❷一　❸四　❹三

❹ (かん字・よみかた・かぞえかたのじゅんに)
❶三・さん・だい　❷五・ご・さつ
❸六・ろっ・ぴき　❹一・いち・わ

てびき
あたらしい　かん字　「四」は、下の横画を五画めに書きます。「五」は、一画めの横画の後に、上からななめ左下に二画めを書きます。「七」と「九」は、書き順に気をつけましょう。「七」は一画めに横画を、「九」は一画めに左はらいを書きます。

❸ ❶「五」には「ご・いつ（つ）」の読みがあり、「五（ご）ひき」「五（いつ）つ」などと使います。❸「四」には「し・よ・よっ（つ）・よん」の読みがあり、「四（し）かく・四（よ）人・四（よっ）つ・四（よん）ひき」などと使います。

❹ ❷紙などのうすいものは「まい」と数えますが、本などの紙が束になったものは「さつ」と数えます。❹鳥は「わ」「ば（ぱ）」と数えることに注意しましょう。

あめの　うた
しらせたいな、いきものの　ひみつ

54・55ページ　きほんのワーク

❶ ❶み　❷ぶん　❸しろ

❷ ❶文　❷白

❸
1 いっしょ
2 やねの　うた…とんとん
つちの　うた…ぴちぴち

❹
1 がっこう・きんぎょ
2 あか（い）
3 ひらひら
4 おしり・かわいい

てびき **あたらしい かん字** 「見」の七画めは、最後を上にはねましょう。「文」は、左へのはらいを三画めに、右へのはらいを四画めに書きます。「白」は、「日」との形のちがいに注意しましょう。一画めは左へはらいます。

❸
1 「あめは ひとりじゃ うたえない、／きっと だれかと いっしょだよ。」（教科書6ページ1〜2行）とあるので、あめはだれかと「いっしょ」にうたっているとわかります。

2 「やねで とんとん やねの うた」（教科書7ページ4行）、「つちで ぴちぴち つちの うた」（教科書7ページ5行）とあります。いろいろなところに降る雨の様子がえがかれていることをとらえましょう。

❹
1 【メモ】をもとに書いた【ぶんしょう】の最初に「がっこうできんぎょをかっています。」とあることから考えます。

2 問題文に「どんな いろ」とあるので、「いろ」について書いてある部分を探しましょう。【メモ】に「あかい。」とあり、【ぶんしょう】に「からだは、ちいさくてあかいです。」とあります。

3 □の前後の言葉に注目しましょう。□の前に「ひれのぶぶん」、後に「ゆれます」とあるので、【メモ】で、ひれの部分がどのようにゆれると書いてあるかを確かめましょう。メモには、「ひらひらゆれる。」とあります。

4 【ぶんしょう】に「およいでいるときは、おしりをふっているように見えて、かわいいです。」とあります。「かわいい」は思ったことです。

はたらく じどう車 「のりものカード」で しらせよう

56・57ページ きほんのワーク

❶ ❶しゃ ❷おお ❸つち ❹みず ❺な ❻だ

❷ ❶車 ❷手 ❸土・水 ❹名

❸ ❶ミキサー ❷ポンプ ❸トラック ❹タイヤ

❹ ❶イ ❷ア ❸イ

☆ **ないようをつかもう！** ア・イ・ウ・オ

てびき **あたらしい かん字** 「車」は、長い縦画を最後に書きます。「手」は、四画めを右にそらすように書き、最後ははねます。「大」は、横画を一画めに、縦画を二画めに書きます。「土」は、短い横画を一画めに、縦画を二画めに書きます。「水」は、縦画を一画めに書いて、最後ははねましょう。「出」は、縦画を一画めに書きます。「山」を二つ重ねるわけではないことに注意しましょう。

❸ ❶「サ」は、二画めの縦画を短く、三画めの縦画を長く書きます。三画めの最後ははらいましょう。❷「ポ（ホ）」は、縦画を二画めに書き、最後ははねましょう。❹「夕」は、二画めの最後をはらいましょう。

58・59ページ れんしゅうのワーク

❶ 1 おきゃく・はこぶ 2 ア・ウ 3 あんぜん

❷ 1 はしご車 2 けしたり・たすけたり 3 イ 4 2・3・1

てびき ❶ 1 「バスは、おおぜいの おきゃくを のせて はこぶ じどう車です。」とあります。これがバスの「やくわり」です。

2 「たくさんの ざせきが あります。」「つりかわや 手すりも ついて います。」とあります。「ざせきの ほか」について いるものは「つりかわ」と「手すり」です。

3 最後の文に「バスは、おおぜいの おきゃくを のせて、きまった みちを あんぜんに はしります。」とあります。

❷ 1 【メモ】の「のりものの 名前」や【のりものカード】の題名に「はしご車」とあります。

2 【メモ】の「やくわり」に「たかいとこ

ろで火をけしたり、人をたすけたりする。」とあります。

3 □の前に、「はしご車は、たかいところで火をけしたり、人をたすけたりするじどう車です。」とあります。□の後にある「ながくのびるはしご」と「人がのれるかご」は、火を消したり人を助けたりするためのものなので、□には、「そういうわけで」という意味の「ですから」が入ります。

4 【メモ】と、【のりものカード】の文章の内容を照らし合わせて考えましょう。たかぎさんは、一つめの文ではしご車のやくわりを、二つめの文で、はしご車のつくりを書き、最後の文で、はしご車ができることを書いています。

なにを して いるのかな？ かん字の ひろば① 日づけと よう日

60・61ページ きほんのワーク

1 ❶はや ❷ついたち ❸ふつか ❹はつか ❺むし ❻かな

2 ❶金 ❷正月 ❸花見 ❹虫

3 バナナ

4 ❶三日 ❷五日 ❸七日 ❹九日

5 ❶イ ❷ア

てびき

あたらしい かん字 「早」は、五画めの横画を長く書きましょう。「金」は、三画めの横画を短く、四画めの横画を長く書きます。三、四画めの横画を書いてから、五画めの縦画を書きましょう。「正」は、書き順を確かめましょう。上下の長い横画は、それぞれ一画めと五画めに書きます。「花」の七画めは、最後を上にはねましょう。「虫」は、真ん中の縦画を四画めに書きます。

1 「一日（ついたち）」「二日（ふつか）」「二十日（はつか）」など、日付の読み方を覚えましょう。

3 「ナ」の二画めの最後ははらいましょう。

5 ❶絵をよく見て、リボンをつけたねこが何をしているか確認しましょう。

❷しまもようの服のねこの様子から、ねこが話す言葉として合うものを選びましょう。ねこは、食べ物をうれしそうに見ています。

はたらく じどう車 かん字の ひろば① 日づけと よう日

62・63ページ まとめのテスト

1

1 ほったり、けずったり

2 イ

3 こうじ・土・べつの ばしょ

4 やくわり…かじの 火を けす

つくり…すい上げ・ホース

5 水・けす

2 ❶日 ❷月 ❸火 ❹水 ❺木 ❻土

てびき

1

1 最初の文に「ショベルカーは、じめんを ほったり、けずったり する じどう車です。」とあります。「じめんを ほったり、けずったり する」ことが、ショベルカーの「やくわり」です。

2 ショベルカーについて書いている文章の中の、「ですから」で始まる文に注目しましょう。ショベルカーは、「じめんを ほったり、けずったり する」ために、「ながい うでと じょうぶな バケットを もって」います。これが、ショベルカーの「つくり」です。

3 ショベルカーについて書いている文章の最後の文に注目して、ショベルカーができることを読み取りましょう。

4 「やくわり」と「つくり」のちがいに注意して読み取りましょう。「水を つかって かじの 火を けす」ことは、ポンプ車の「やくわり」で、「水を すい上げたり、まいたり する ホースを つんで」いることは、ポンプ車の「つくり」です。

5 最後の文にポンプ車ができることが書かれています。空らんに当てはまる言葉を探しましょう。

うみへの　ながい　たび

64・65ページ　きほんのワーク

❶ ❶あお・そら　❷め　❸ひゃくにち　❹みみ・おと　❺た　❻ちから

❷ ❶青　❷空　❸耳　❹音　❺年　❻千

❸ ❶ウクレレ　❷エプロン

❹ ❶イ　❷ア　❸イ　❹ア

✪ ないようをつかもう！
（じゅんに）3→2→1

てびき　あたらしい　かん字

「青」は、下の部分が「月」ではないことに注意しましょう。「青」の五画めは、「月」の一画めのようにはらうのではなく、とめます。「目」は、「日」との形のちがいに注意しましょう。「目」は中に横画を二本、「日」は中に横画を一本書きます。「百」は、「白」との形のちがいに注意しましょう。「百」は、一画めに横画を書きます。「年」は、書き順に注意しましょう。長い縦画は最後に書きます。「千」は、「十」との形のちがいに注意しましょう。

❸ ❶「ウ」の三画めの最後は、左ななめ下にはらいましょう。

66・67ページ　れんしゅうのワーク

1 ウ

2 うみ

3 イ

4 （じゅんに）3→1→2

5 すまし・目

6 かぜ・ききとろう・かおり・かぎとろう

てびき

1 文章の前の部分に注目しましょう。「うまれた　ときは　りすくらいの　大きさだった」「ふたり」が、「ぐんぐん　そだち」とあり、「ふたり」が大きくなったことを受けて「これ　このとおり」と言っているとわかります。

2 「おいしい　あざらしが　どっさり　いる　うみに　むかって　出かけるのだ。それは、きたに　むかう　ながい　たびに　なる。」とあります。かあさんぐまは、北の方にある「うみ」に出かけようと考えていることがわかります。

3 「おいしい　あざらし」という言葉から、かあさんぐまは、あざらしをとって食べようとしていることがわかります。また、「水しか　のめなかった　かあさんぐまは、……からだが　もたなく　なる。」とあります。「もたない」は、ここでは「健康な状態を保てなくなる」という意味です。体をもたせるために、えさとなるあざらしを求めて海へ出かけようとしていることを読み取りましょう。

4 「百日ちかくも　あるいて　ここに　やって　きて、ふかい　あなを　ほった。ふたりを　うんだ。ふたりを　そだてた。」とあります。「ふたり」は子ぐまのきょうだいを表していることをとらえて、順序を読み取りましょう。

6 「かあさんぐまは　じっと　目を　とじる。」の後の、「して　いるように。」で終わる二つの文に注目します。かあさんぐまの様子がどのように見えるかを読み取りましょう。

68・69ページ　まとめのテスト

1 なみの　音・におい

2 くらす

3 （じゅんじょなし）およぎ・えさとり

4 （うまれて　はじめて　見る）うみの　ひろさ。

5 ウ

6 えさとり・あざらし

てびき

1 最初のまとまりに注目し、なつかしい波の音としおかぜのにおいから、かあさんぐまが海に戻ってきたと感じたことをおさえます。

2 問題文の「どんな　ところ」という言葉に注目し、文章を読みましょう。かあさんぐまは、「ここが　うみだよ。おまえたちが　これから　くらす　ところ。」と、子ぐまのきょうだいに言っています。

3 「しっかり　およぎを　おぼえるんだ。それから、えさとりもね。」と言っています。「それから」という言葉は、前の文に次の文の内容を付け加えるときに使います。

4　「きょうだいは、うまれて　はじめて　見る　うみの　ひろさに　目を　みはった。」とあります。「目をみはる」は、おどろきや感動で、目を大きく開ける様子を表します。

5　きょうだいは、かあさんぐまの「ここがうみだよ。…しっかり　およぎを　おぼえるんだ。それから、えさとりもね。」という言葉に対して「うん。」と「大きく　うなずいた」のです。これから、うみでがんばろうという強い気持ちがあらわれています。

6　「それから、二年半ばかりが　すぎる。」の二つ後の文に注目し、きょうだいが成長した姿を読み取りましょう。

きこえて きたよ、こんな ことば
ことばの ぶんか① 天に のぼった おけやさん ほか

70・71ページ　きほんのワーク

❶ ❶てん　❷なか　❸き　❹ちい

❷ ❶天　❷中　❸気　❹小

❸ イ

❹ ア5　イ3　ウ1　エ2　オ4

❺ ❶カステラ　❷ワッペン　❸ダッシュ

てびき　あたらしい かん字

「天」は、一画めの横画を長く、二画めの横画をやや短く書きます。「中」は、真ん中の縦画を最後に書きます。「気」は、四画めの最後をはねましょう。「小」は、真ん中の縦画を一画めに書きます。

❸ おはなしの内容と絵を見比べて考えます。おはなしの最初の文に「ゆきの　中で、一ぴきの　いぬが　はしって　いました。」とあります。アの絵は、犬が花に顔を近づけているところなので、文と合いません。ウの絵は、犬が走っているところではないので、文と合いません。

❹ それぞれの絵が、どんな場面を表しているのかを確認しましょう。アの絵は、ふろしきのはしをつかんでいた人たちがはね上がり、ひたいがぶつかっている場面です。イの絵は、おけやさんが雲の上で、水ぶくろの水をふりまいている場面です。ウの絵は、おけのたががはじけて、おけやさんが空へはじきとばされた場面です。エの絵は、おけやさんがかさといっしょに空へふき上げられた場面です。オの絵は、おけやさんが大きな松の木のてっぺんにひっかかっている場面です。

❺ ❶「テ」と「ラ」は形のちがいに注意しましょう。「テ」は三画で書き、二画めの真ん中から三画めを書きます。「ラ」は二画で書きます。

かん字の ひろば②　かん字の よみかた
こころが あたたかく なる 手がみ

72・73ページ　きほんのワーク

❶ ❶ほんじつ　❷たけ　❸ひだりて・みぎて　❹う

❷ ❶糸　❷先生

❸ ❶しゅっ・で・だ　❷くう・そら・あ・から

❹ 1　［1］…イ　［2］…ア
2　ア

てびき　あたらしい かん字

「本」は、「木」との形のちがいに注意しましょう。最後の五画めに短い横画を書きます。「竹」は、左右で同じ形を二つ書かないように注意しましょう。最後の六画めは、三画めとちがい、はねます。「左」と「右」は、書き順に注意しましょう。「左」は横画から、「右」は左なため下へのはらいから書き始めます。「生」「先」は、どちらも三画めに真ん中の縦画を書きます。「先」は、六画めの最後を上にはねましょう。

❸ 漢字のいろいろな読み方を覚えましょう。漢字の後の言葉や送りがなから、どのように読むのかを考えましょう。

❹ 1　手紙は、最初に相手の名前を、最後に自分の名前を書きます。
2　初めの文に「……ありがとうございました。」とあるので、文末をていねいな言葉でそろえて書きましょう。

スイミー どくしょの ひろば 「おはなしどうぶつえん」を つくろう

74・75ページ きほんのワーク

❶ ❶あか ❷はやし ❸ゆう ❹あめ

❷ ❶赤 ❷林

❸ ❶まん月 ❷わたあめ ❸うし

❹ ❶ミサイル ❷ゼリー ❸ドロップ

❺ ❶イ ❷ア ❸ア ❹イ

✪ ないようをつかもう！

（じゅんに）（一）→5→2→4→3

てびき

あたらしいかん字　「赤」の六画めは左に短くはらい、最後の七画めは点を書きます。「林」は、左の「木」の部分の書き方に注意しましょう。四画めは、八画めと違い、とめます。「夕」は、三画で書きます。二画めの最後は、はらいましょう。「雨」は、中に四つ点を書きます。点の向きに注意しましょう。

❸「……のような（に）」「……みたいな（に）」は、様子を表すときに使う言葉です。（　）の後にある言葉に合うものを選びましょう。

❹❷「セ（ゼ）」は、ひらがなの「せ」との形の違いに注意しましょう。「セ」は二画で書き、一画めの最後は内側にはねます。

76・77ページ れんしゅうのワーク

1 ウ

2 ・のみこんだ　・にげた

3 （じゅんじょなし）・こわかった　・さびしかった　・かなしかった

4 イ

5 ❶にじいろの　ゼリー　❷水中ブルドーザー

てびき

1 「ミサイルみたいに」という言葉が表す様子として適切なものを考えます。また、前後にある「すごい　はやさで」「つっこんできた」にも注目しましょう。ア・イの様子は、この前後の言葉に合いません。

2 「一口で、まぐろは、……一ぴき　のこらず　のみこんだ。」「にげたのは　スイミーだけ。」とあります。まぐろが一ぴき残らず飲みこんだので、小さな赤い魚たちはいなくなってしまい、スイミーは一ぴきだけ、まぐろからにげたことがわかります。

3 「スイミーは　およいだ、くらい　うみの　そこを。こわかった、さびしかった、とても　かなしかった。」とあります。「こわかった」「さびしかった」は反対に書いても正解です。

4 「スイミーは、だんだん　元気を　とりもどした。」のすぐ前に、スイミーが元気を取りもどした理由が書かれています。海ですばらしいものやおもしろいものをいっぱい見たので、スイミーは元気になったのです。

5 スイミーが海の中で見た、すばらしいものやおもしろいものの様子を、様子を表す言葉を使って印象的に表しています。

78・79ページ まとめのテスト

1 きょうだいたち

2 (1) ア

(2) 大きな　さかな・いっしょ

3 （じゅんじょなし）

・けっして　はなればなれに　ならない　こと。

・みんな、もちばを　まもる　こと。

4 目

5 おい出した

てびき

1 「スイミーのと　そっくりの、小さな　さかなの　きょうだいたちを。」とあります。「スイミーのと」は、「スイミーのきょうだいたちと」という意味であることに注意しましょう。

2 (1) 大きな魚に食べられることをこわがって、岩かげでじっとしている小さな赤い魚たちに向かって、スイミーは「いつまでも　そこに　じっと　して　いる　わけには　いかないよ。」と言っています。

(2) スイミーは、よい方法を考えついて、さけびました。「みんな　いっしょに　およぐんだ。うみで　いちばん　大きな　さかなの　ふりを　して。」の部分がスイミーが考えついた方法の内容です。

3 「スイミーは　おしえた。」のすぐ後に、みんなに教えた内容が二つ書かれています。

4 「みんなが、一ぴきの　大きな　さかなみたいに　およげるように　なった　とき」、スイミーは、「ぼくが、目に　なろう。」と言っています。

5　文章の最後に、「みんなは　およぎ、大きな　さかなを　おい出した。」とあります。物語の結末をおさえましょう。

ゆき

80・81ページ　きほんのワーク

1　こなゆき

2　ウ

3　のしのし・ずんずん

4　ねゆき

5　イ

てびき

1・2　一つめのまとまりを読み取りましょう。「きゅっきゅと　ないた」という言葉は、粉のように細かい雪がくつでふまれて音を立てる様子を表しています。「くつの　下」という言葉をもとに考えましょう。

3　二つめのまとまりを読み取りましょう。「のしのし」「ずんずん」という言葉から、雪がたくさん降って積もる様子を想像しましょう。

4　二つめのまとまりを読み取りましょう。「ねゆき」とは、降り積もったまま、春までとけずに残る雪のことです。

5　ざらめゆきは、日中に雪がとけて、夜の間に冷えて固まることでできます。日中に雪がとけるほど気温が上がっていることや、「もう　すぐ　はるだ」という言葉から、少しずつ暖かくなっていることがわかります。

みぶりで　つたえる

82・83ページ　きほんのワーク

❶ 1　❶ロ　❷あし　❸手　❹ゆび

2　❶ふる　❷あてる

❷ ❶ア　❷イ　❸イ　❹ア　❺イ　❻イ　❼ア

ないようをつかもう！　（じゅんに）ウ→ア→イ

てびき

❶ 1　それぞれの文の最後の動きを表す言葉に注目して、合う言葉を選びましょう。□の言葉をそれぞれの文にあてはめて、合うかどうか確かめてみてもよいでしょう。

2　文にある体の一部を表す言葉を確かめたうえで絵をよく見て、絵の様子に合う言葉を選びましょう。

84・85ページ　れんしゅうのワーク

1　❶ウ　❷イ　❸ア

2　ことばの　かわり

3　(1)　（じゅんじょなし）ながさ・ふとさ

(2)　大きさ

4　おれいの　気もち（。）

5　つたえたい・うまく　つたえる

てびき

1　一つめのまとまりに注目します。くびを「よこに　ふると『いいえ』」、くびを「よこに　かたむけると『よく　わからない』」、「くちびるに　人さしゆびを　あてると『しずかに　しよう』」という意味になります。

2　「このような　とき、みぶりは　ことばの　かわりを　して　います。」とみぶりのはたらきが書かれています。「このような　とき」とは、1のような、みぶりをしているときを指しています。

3　「こんな　大きな　さつまいもを　ほったよ。」のすぐ後に書かれています。「その　大きさが　よく　つたわります」の「その」は「さつまいも」を指しています。

4　〰〰線のすぐ後に、「おれいの　気もちが　よく　つたわります。」とあります。

5　最後の文に注目します。「じぶんの　つたえたい　ことを、あいてに　うまく　つたえる　ことが　できます。」と、できることが書かれています。

ことばの ひろば② 文を つくろう
かん字の ひろば③ かわる よみかた

86・87ページ **きほんのワーク**

1 ❶おとこ ❷ひゃくえん ❸くさ ❹むら

2 ❶女 ❷中学校

3 ❶れい いぬ（が） ほえて（います。）
❷れい おじいさん（が） はしって（います。）
❸れい ひこうき（が） とんで（います。）
❹れい 女の子（が） うたって（います。）

4 （右から）❶たま・だま ❷はやし・ばやし ❸ひと・びと

てびき あたらしい かん字 「女」は、横画を最後の三画めに書きます。「円」は、二画めの最後をはねます。「学」は、「字」との形のちがいに注意しましょう。一画めと二画めを左から右ななめ下に、三画めを右から左ななめ下に書きます。「草」は、下の長い横画を八画めに、縦画を九画めに書きます。「玉」は、縦画を二画めに書きます。「村」は、右側の点を最後の七画めに書きます。

3 絵を見て、「だれ（何）が」「どう して いる」のかをとらえて、文を完成させましょう。文の最後の「います。」につながるように書きましょう。

4 漢字の前や後に言葉がつくことで、読み方が変わる漢字を確かめましょう。

みぶりで つたえる
かん字の ひろば③ かわる よみかた

88・89ページ **まとめのテスト**

1
1 気もち
2 ❶うれしい ❷こまった
3 イ
4 （じゅんじょなし）気もち・かんがえ
5 つたえたい ことを はっきり あらわせる

2 （右から）❶ひゃく・びゃく・ぴゃく ❷がっ・がく ❸ろく・ろっ ❹はな・ばな

てびき **1**
1 みぶりが「つよく」表すことに注目して文章を読みましょう。最初の文に「みぶりは、とくに 気もちを つよく あらわす ことが あります」とあります。
2 「うれしい ときには、りょう手を 上げて ばんざいを します。こまった ときには、うでを くんだり、あたまに 手を あてたり します。」とあります。それぞれの絵のみぶりをとらえ、どんな気持ちを表すか考えましょう。
3 「うれしい、たのしい、かなしい、こまったなどの 気もちは、みぶりを つかうと、よく つたわります」とあります。
4 何を伝え合ってくらしているかに注目して文章を読みましょう。「わたしたちは、じぶんの 気もちや かんがえを、まわりの 人と つたえあって くらして います。」とあります。
5 文章の最後に、「ことばだけで なく、みぶりを じょうずに つかうと、つたえたい ことを はっきり あらわせるように なるのです。」とあります。

2 ❶「三百」と「六百」の「百」の読み方のちがいに注意しましょう。

はじめて しった 学校の こと
ことばの ひろば③ ことばで つたえよう

90・91ページ **きほんのワーク**

1 ❶はい

2 イ

3
1 ししょの 先生（。）
2 イ
3 [2]…おもしろかった
[3]…おはなしかい

てびき あたらしい かん字 「入」は、「人」との形のちがいに注意しましょう。「入」は右側の二画めを長く、「人」は左側の一画めを長く書きます。

2 文章の中から、選択肢《せんたくし》のうちどれか一つにしか当てはまらない特徴《とくちょう》をさがします。三つめの文の「中に なにか 入って いて、あたたかいです。」から、「にくまん」だとわかります。

❸ 1 なかがわさんたちが話を聞きに行ったときの会話の中に、「ししょの　先生に　おはなしを　ききたいのですが、いま、いいですか。」とあります。

2 [1]がある、のぐちさんの質問の後で、司書の先生が「……からです。」という言い方で理由を話しているので、理由を聞くときの言い方の「どうして」が入ります。

3 司書の先生が答えていることに注目します。[2]…「うれしい　ことは　なんですか。」という質問に、「おすすめした　本を　よんだ　人が、『おもしろかった。』と　いって　くれる　ことです。」と答えています。[3]…「すきな　じかんは　いつですか。」という質問に、「おはなしかいの　じかんです。」と答えています。

おもい出の　アルバム

きほんのワーク　92・93ページ

1 あさがおの　花が　さいた

2 （じゅんに）（①）→（③）→②→④→（⑥）→⑤

3 [1]…あげる　水の　りょう

4 [2]…一日に　二かい　うれしかったです

5 「もうすぐ　さきそうだよ。」

6 おもいます〈または　おもいました〉

てびき

1 文章の題名や最初の文に注目しましょう。

2 メモと文章の内容を照らし合わせて、順番に並べかえましょう。

3 [1]…「はじめ」に「わからな」かったことについて書いてあるメモは③です。[2]…「あつい　日」に「水を　あげた」ことについて書いてあるメモは④です。

4 気持ちを表す言葉に注目しましょう。「とてもうれしかったです」は、朝顔の花がさいたときに思ったことを表しています。

5 「「」はますの右下に、「」」はますの左上に書きます。

6 他の文の文末に合わせて、ていねいな言葉に書き直しましょう。

かん字の　ひろば④　にて　いる　かん字
ことばの　ぶんか②　しりとりで　あそぼう

きほんのワーク　94・95ページ

❶ ❶いし　❷いぬ　❸おう　❹かい

❷ ❶石　❷町　❸森　❹足

❸ ❶大・犬　❷木・休　❸中・虫　❹右・石　❺貝・見　❻早・草

❹ 1 ❶ぶた　❷たぬき　❸きつね　❹ねずみ

2 ❶きょうしつ　❷つくえ　❸えのぐ

てびき　あたらしい　かん字

「石」は、「右」との形のちがいに注意しましょう。書き順も異なり、「石」は横画から、「右」は左下へのはらいから書きます。「犬」は、「大」との形のちがいに注意しましょう。「犬」は右上に点を書きます。「王」は、「玉」との形のちがいに注意しましょう。「王」は右下に点を書きません。「森」は、一つめの「木」を横長に書きましょう。「貝」は、「見」との形のちがいに注意しましょう。「足」は、真ん中の縦画を四画めに、左へのはらいを六画めに書きます。

❸ それぞれ、漢字の似ている部分、ちがう部分に気をつけましょう。

お手がみ

きほんのワーク　96・97ページ

❶ ❶ふたり　❷ひとり

❷ ❶イ　❷ア

❸ ❶ベッド

❹ ❶イ　❷イ　❸ア　❹イ　❺イ

ないようをつかもう！

✪ 1 ①ウ　②イ　③ア

2 ア3　イ2　ウ5　エ1　オ4

てびき

❶ ❶「二人（ふたり）」、❷「一人（ひとり）」

は、特別な読み方をする言葉です。

❷ それぞれのときのことを思いうかべて、自分だったらどんな気持ちになるか考えましょう。

98・99ページ　れんしゅうのワーク

1 げんかんの　まえ（。）
2 かえるくん
3 ウ
4 お手がみ
5 ア
6 空っぽ
7 かなしい

てびき

1 最初の文に「がまくんは、げんかんの　まえに　すわって　いました。」とあります。

2 二つめの文に、「かえるくんが　やって　きて、いいました。」とあります。

3 「げんかんの　まえに　すわって」いたがまくんを見て、かえるくんは、「きみ、かなしそうだね。」と話しかけています。

4 すぐ後に「つまり」とあり、「かなしい　とき」を別の言葉に言いかえています。

5 「お手がみを　まつ　じかん」になると、「いつも　ぼく、とても　ふしあわせな　気もちに　なるんだよ」と話すがまくんに、かえるくんは「そりゃ、どういう　わけ。」とたずねています。その質問に対するがまくんの答えに注目しましょう。「だって、ぼく、お手がみ　もらった　こと　ないんだもの。」「だれも、ぼくに　お手がみなんか　くれた　ことが　ないんだ。」と、がまくんは言っています。

6 「毎日、ぼくの　ゆうびんうけは　空っぽさ。」と、がまくんは言っています。

7 最後の文に、「二人とも、かなしい　気分で、げんかんの　まえに　こしを　おろして　いました。」とあります。がまくんが悲しんでいるわけを知り、かえるくんも悲しくなってしまったのです。

100・101ページ　まとめのテスト

1 れい 手がみが　とどくのを　まって　いる
2 ア
3 ウ
4 しんゆう・うれしく
5 ウ
6 （とても）しあわせな

てびき

1 がまくんの「かえるくん、どうして　きみ、ずっと　まどの　そとを　見て　いるの。」という質問に対して、かえるくんは、「だって、いま、ぼく、手がみを　まって　いるんだもの。」と答えています。

2 手紙なんて「きや　しないよ。」と言うがまくんに、かえるくんは、「だって、ぼくが、きみに　手がみ　出したんだもの。」と言っています。かえるくんは、がまくんに手紙を出した本人なので「きっと　くるよ。」と言い切っているのです。

3 今までだれも手紙を書いてくれなかったのに、かえるくんが自分に手紙を書いてくれたことを知って、がまくんがおどろいていることを読み取りましょう。

4 「ぼくは、こう　かいたんだ。」から始まるかえるくんの言葉の中に、「ぼくは、きみが　ぼくの　しんゆうで　ある　ことを　うれしく　おもって　います。」とあります。

5 かえるくんから手紙に書いたことを聞いたがまくんは、「とても　いい　手がみだ。」と言っています。手紙に書かれたかえるくんの思いに感動し、うれしく思っているがまくんの気持ちがわかります。

6 最後の文に、「二人とも、とても　しあわせな　気もちで、そこに　すわって　いました。」とあります。「そこ」とは「げんかん」のことです。

102〜104ページ　きほんのワーク

1 ❶ウ　❷ア　❸イ

2 ア・イ・エ・オ

3 ア4　イ2　ウ1　エ3　オ5

4
1 イ
2 かばさん
3 れい　だれも　きて　くれなかった
4 うさぎさんの　うち（。）

5
1 しまうまさん
2 のんびり　あるいた
3 はなしごえ
4 一日　おくれて・三日

てびき

1 「うさぎさんは、いそがしそうに……わたしたのです。」（教科書147ページ3〜4行）、「ゆうびんやさん、これを、……みんなに　はいたつして　ください。」（教科書147ページ5〜6行）とあります。うさぎさんは、ぞうさんのことを「ゆうびんやさん」だと思って、はがきをわたしたことがわかります。また、「ぞうさんは　はいたつに　出かけました。」（教科書149ページ1〜2行）とあるので、ぞうさんは、はがきを配達したことがわかります。

2 うさぎさんのはがきを見たぞうさんは、「かばさんと　しまうまさんと　ふくろうさんと　ぞうさんにだな。」（教科書148ページ4〜5行）と言っています。うさぎさんは、かばさん、しまうまさん、ふくろうさん、ぞうさんを引っこしのお祝いに呼ぼうとしていたことがわかります。

4
1 「きのうから　一日　たって　いるのも　気に　ならない　ようす」で、ぞうさんは「あした、うさぎさんの　おいわいが　あるよ。」と言っています。「きのう」の「あした」、つまり「きょう」が、「うさぎさんの　おいわい」が開かれる日です。

2 「あした、うさぎさんの　おいわいが　あるよ。」と言ってはがきをわたしたぞうさんに対して、かばさんが「まあ、それは　たのしみだわ。」と言っていることから、ぞうさんは、かばさんにはがきをわたしたことがわかります。

3 「だって」の後に、うさぎさんが泣き続けている理由が書かれています。「せっかくの　おいわいに、だれも　きて　くれなかったからです。」とあります。ぞうさんもかばさんも、うさぎさんのお祝いが開かれるのは今日ではなく明日だと思っているので、だれも来てくれなかったのです。

4 「さて、つぎの　日です。」のすぐ後に、「かばさんは、……うさぎさんの　うちに　出かけて　いきました。」とあります。ぞうさんからはがきをもらった「つぎの　日」に、うさぎさんのお祝いが開かれると思って、かばさんは「うさぎさんの　うち」に一日遅れて出かけていったのです。

5
1 最初の文に、「ぞうさんは、きょうは、しまうまさんの　ところに　はいたつです。」とあります。

2 「しまうまさんに　はがきを　わたしたときは、やっぱり　よるでした。」のすぐ前に、理由が書かれています。

3 「ところで」からは、「ぞうさんが　がんばって　はいたつを　おえた　つぎの日」のことが書かれています。うさぎさんのうちの「中から、たのしい　みんなの　はなしごえが、きこえて　きたのです。」とあります。

4 最後の文に注目しましょう。ぞうさんは三枚のはがきを配達しました。一枚のはがきを届けるたびに一日かかったので、最初の一枚は一日遅れで、二枚めは二日遅れ、三枚めは三日遅れで配達したのです。その結果、お客さんも、一人目は一日遅れて、二人目と三人目もそれぞれ一日ずつ遅れてやって来たので、お祝いは一日遅れで始まり、三日も続いていたのです。

実力《じつりょく》はんていテスト　こたえと てびき

夏休《なつやす》みの テスト①

1　むね
2　ⓐ
3　（「）こどう（」）
4　ち
5　（じゅんじょなし）さんそ・えいよう

てびき

1　最初の文に注目します。「むねで　ドクドク　いって　いるのが、しんぞう。」とあるので、「しんぞう」が「むね」にあることがわかります。「ドクドク」は、心臓が血を送り出している音です。

2　二つめの文に注目します。「しんぞうは、うまれてから　いちども　やすむ　こと　なく　うごきつづけます。」とあるので、ⓐの「うまれてから　いちども　やすまず　うごきつづける。」が正解です。心臓は私たちがねている間も休まないで動いているのです。

3　三つめの文に注目します。「その　うごきの　ことを　『こどう』と　いいます。」とあります。「その」は前の文の内容を指しています。つまり、「うまれてから　いちども　やすむ　こと　なく　うごきつづけ」ている心臓の動きを「こどう」というのです。

4　四つめの文に注目します。「しんぞうは、ぜんしんに　ちを　おくりだす　ポンプです。」とあります。「ポンプ」は、水などの液体を送り出すための道具です。

5　最後の文に注目します。「ちの　なかには、さんそや　えいようが　あって」とあります。「さんそ」も「えいよう」も、人間が生きるのに必要なものです。心臓は、血を全身に送り出すことで、血にふくまれる大切な酸素や栄養を全身に送り出しているのです。

夏休《なつやす》みの テスト②

1　❶ⓘ　❷ⓘ　❸ⓐ　❹ⓘ
2　❶かっぱ　❷ぼうし　❸ふうせん　❹おねえさん　❺ちきゅう　❻じてんしゃ
3　❶さかながはねる。　❷くまがころぶ。
4　❶は・を　❷は・へ　❸は・を・へ
5　が~~つ~~こう↓っ・てつぼう~~お~~↓を

てびき

1　声に出して読み、正しいほうを選びましょう。❶「び」のような濁音《だく》と、「ぴ」のような半濁音を区別しましょう。❷「おとうと」はオ列ののばす音《おん》（長音）で、「トー」と発音しますが、「う」をそえて書きます。❸「しょっき」は、小さく書く「ょ」と「っ」が続くので注意しましょう。

2　❶小さく書く「っ」は、ますの右上に書きます。音にも注意しましょう。「ぱ」の半濁点「゜」は、文字の右上に書きます。❷「ぼうし」はオ列の長音で、「ボー」と発音しますが、「う」をそえて書きます。「ぼ」の濁点「゛」の位置にも注意しましょう。❸「ふうせん」のようなウ列の長音は、発音どおり「う」と書きます。❹「おねえさん」のエ列の長音は、発音どおり「え」と書きます。❺・❻小さく書く「ゅ」・「ゃ」は、ますの右上に書きます。

3　絵を見て、「だれが―どうする。」という主語と述語がそろった文を作る問題です。文の終わりの「。」を忘れないようにしましょう。

4　「は」「を」「へ」を正しく使いましょう。「ぼく」「ほん」「へや」など、その一語だけで意味のわかる言葉の後につく場合は、「ワ」「オ」「エ」と発音しますが、「は」「を」「へ」と書きます。

5　文を声に出して読み、まちがいを探しましょう。「がつこう」は、「つ」を小さい「っ」に直します。「てつぼうお」の「お」は、「てつぼう」の後につくので、「を」と書きます。

実力《じつりょく》はんていテスト　こたえと てびき

冬休《ふゆやす》みの テスト①

1 いろが ちがう
2 あじさい…みどり
　ほかの 花たち…青
3 かなしい
4 あせらなく・ちがった
5 イ

てびき

1 あじさいは、「だって、あたしだけ、みんなと いろが ちがうんだもの。」と言っています。

2 あじさいの色は、「その 花は、とても うすい みどりいろ」という部分からわかります。他の花たちは、「青あおと いろづいて いる」とあります。また、このあとで、あじさいは、「みんなは とっくに 青く なったのに」とも言っています。あじさいと他の花たち（みんな）とは、色がちがっているのです。

3 あじさいは、「あたし、さびしくて、かなしいの。」と言っています。自分だけ、色が緑なのが、さびしくて悲しいのです。

4 マーくんは、次の二つのはげましを言っています。一つは、「あせらなくても、そのうち、かわれるよ。」です。もう一つは、「みんなと いろが ちがったって、きみは きみだし、いいじゃない」です。つまり、あせらなくてもいいし、みんなと色がちがったとしてもいいと言っているのです。

5 マーくんが「えっ。」と言ったのは、あじさいに、「じゃあ、マーくんは じぶんだけ、ほかの クマと いろが ちがっても、へいきなの？」と言われたからです。マーくんが思ってもいなかったことを、あじさいが言ったので、マーくんはおどろいたのです。

冬休《ふゆやす》みの テスト②

1 ❶きん ❷はやし ❸つき・み ❹あお・そら ❺みみ・おと
2 ❶気 ❷正 ❸本・出 ❹小・虫 ❺手・水 ❻山・花
3 ❶四だい ❷三にん ❸五まい
4 ❶ケーキ ❷トラック ❸キャベツ ❹ジュース
5 （しょうりゃく）

てびき

1 ❶「金」には他に、「こん」「かね」「かな」という読み方がありますが、後に「よう日」とあるので、ここでは「きん」と読みます。❸「月」には他に「げつ」「がつ」という読み方がありますが、文に合う読み方は「つき」です。❹「青い」は、送りがなにも注意しましょう。❺「音」には他に「おん」「ね」という読み方がありますが、文に合う読み方は「おと」です。

2 ❶「気」の五画めは右上から左なめ下に、六画めは左上から右なめ下に書きます。❷「正」は、書き順に注意しましょう。❸「本」は「木」と、「出」は「山」と形が似ているので注意しましょう。❹「虫」は「中」と形が似ているので注意しましょう。❺「手」の縦画は最後の四画めに書きます。❻「山」は一画めに真ん中の縦画を書きます。

3 ❶「だい（台）」は、車や機械などを数えるときの言葉です。他に、自転車なども「だい」と数えます。❷人数を数えるときには、「にん（人）」を使います。

4 ❶のばす音「ー」は、ますの真ん中に書きます。❷小さい「ッ」は、ひらがなの「っ」と同じように、ますの右上に書きます。❸小さい「ャ」は、ひらがなの「ゃ」と同じように、ますの右上に書きます。「゛」は、かたかなの右上に書きます。

5 話した言葉の「おはよう。」に「　」をつけましょう。「。」は「お」の上のますの右下に、「」」は「。」と同じますの左上に書きます。

実力《じつりょく》はんていテスト　こたえと　てびき

学年まつの　テスト①

1 かぶとむしの　おす

2 ア

3 おなかが　いっぱい

4 よる

5 （じゅんじょなし）

・れい （しずかに） じゅえきを　なめて　いる。

・れい 土の　中に　もぐって　いる。

てびき

1 最初の文に注目します。「じゅえきに　あつまる　虫の　中でも　いちばん　力が　つよいのは、かぶとむしの　おすです。」とあります。単に「かぶとむし」ではなく、「かぶとむしの　おす」と書かれているところに注意しましょう。

2 理由を表す「……ので」という言葉に注目します。他の虫がかぶとむしのおすにかなわない理由を、二つめの文で「からだもいちばん　大きく　りっぱな　つのを　もって　いるので」と説明しています。イの「ながくて　大きな　あごを　もって　いる」のは、くわがたのおすです。

3 「おいはらわれる」という言葉を手がかりに、書かれている場所を探します。三つめのまとまりの二つめの文に「かぶとむしのおすでも　おなかが　いっぱいの　ときには、……おいはらわれる　ことも　あります。」と書かれています。

4 かぶとむしの活動については、最後のまとまりに書かれています。一つめの文に「かぶとむしが　かつどうするのは、おもによるです。」とあります。

5 昼間の様子は、四つめのまとまりの二つめの文に書かれています。「……か……」という形で、二つのことが書かれているので、二つに分けて答えます。

学年まつの　テスト②

1 ❶ひゃくえん　❷かい　❸おお・たま　❹まち・がっこう
❺おう・はい

2 ❶犬　❷草　❸森・休　❹左・右　❺村・女　❻男・名

3 ❶そく・あし・た　❷う・い・せんせい

4 ❶目　❷川　❸下　❹車

5 ❶れい とり・とんで　❷れい 女の子・おどって

てびき

1 ❶「百」は「白」と形が似ているので、まちがえて読まないように注意しましょう。❷「貝」は「目」と形が似ているので、まちがえて読まないように注意しましょう。❸「大」は、送りがなにも注意しましょう。❹「学」には「がく」という読み方がありますが、「がくこう」ではなく「がっこう」と読むことに注意しましょう。

2 ❶「犬」は「大」と形が似ているので注意しましょう。「犬」は右上に点を書きます。❸「森」は「木」「林」とのちがいに気をつけましょう。❹書き順に注意しましょう。「左」は横画から、「右」は右上から左ななめ下へのはらいから書きます。❻「名」は「夕」と形が似ているので注意しましょう。

3 漢字のいろいろな読み方を覚えましょう。漢字の後の言葉や送りがなから、どのように読むのかを考えましょう。❷「生」には、他に「なま」「しょう」「は（える）」などの読み方があります。

4 漢字の成り立ちを問う問題です。ものの形からできた漢字を「象形文字」、印をもとにできた漢字を「指事文字」といいます。❶・❷・❹は、ものの形からできた漢字です。❸は、位置を表した印からできた漢字です。

5 絵を見て、「だれ（何）が」「どうしている」のかをとらえて、文を完成させましょう。文の最後の「います。」につながる言葉にするように注意しましょう。

実力《じつりょく》はんていテスト　こたえと　てびき

かんじリレー①

❶ 二
❷ 四
❸ 七
❹ 九
❺ 三
❻ 八月
❼ 六・本
❽ 五・貝
❾ 十
❿ 田
⓫ 水
⓬ 竹
⓭ 山・川
⓮ 上
⓯ 木・下

⓰ 火
⓱ 土
⓲ 金・日
⓳ 目
⓴ 耳
㉑ 口
㉒ 手
㉓ 足
㉔ 虫
㉕ 名
㉖ 正
㉗ 小・村
㉘ 大・字
㉙ 林・中
㉚ 森・休

かんじリレー②

㉛ 百
㉜ 千円
㉝ 白
㉞ 青
㉟ 赤・花
㊱ 気
㊲ 糸
㊳ 入
㊴ 王
㊵ 文
㊶ 天
㊷ 女・子
㊸ 男
㊹ 学校
㊺ 車・人

㊻ 早
㊼ 玉
㊽ 犬
㊾ 草
㊿ 音
51 石
52 力
53 立
54 夕・空
55 町・雨
56 先・出
57 左・右・見
58 一年生

3 2 1 0 9 8 7 6 5 4
＊ ＊ D C B A